电力营销业务

风险评估及管控

广东电网有限责任公司东莞供电局

钟立华　王鑫根　主编

中国电力出版社
CHINA ELECTRIC POWER PRESS

内 容 提 要

本书为有效控制营销服务业务风险，预防重、特大营销责任事故的发生，基于成熟的电力营销风险管理研究及其相关理论，阐述了通用的电网营销业务风险评估的概念。

结合供电企业营销业务特点，本书分为四章，着重介绍了电力营销各项业务风险识别、分析和评估方法，分别对业扩报装、电能计量、电费抄核收、客户服务、用电检查、营销管理线损、客户停电管理、营销项目管理等八大专业中存在的风险进行识别、分析和评估。

本书可供供电企业稽查人员和营销业务专业管理人员阅读。

图书在版编目（CIP）数据

电力营销业务风险评估及管控/钟立华，王鑫根主编 . —北京：中国电力
出版社，2018.7

ISBN 978－7－5198－1587－5

Ⅰ . ①电⋯　Ⅱ . ①钟⋯ ②王⋯　Ⅲ . ①电力工业－市场营销－风险管理
－研究－中国　Ⅳ . ①F426.61

中国版本图书馆 CIP 数据核字（2018）第 104870 号

出版发行：中国电力出版社
地　　址：北京市东城区北京站西街 19 号（邮政编码 100005）
网　　址：http://www.cepp.sgcc.com.cn
责任编辑：岳　璐（010－63412339）王杏芸
责任校对：李　楠
装帧设计：王英磊　王红柳
责任印制：邹树群

印　　刷：三河市百盛印装有限公司
版　　次：2018 年 7 月第一版
印　　次：2018 年 7 月北京第一次印刷
开　　本：710 毫米×980 毫米　16 开本
印　　张：9.5
字　　数：142 千字
印　　数：0001—2000 册
定　　价：38.00 元

编 委 会

主　　编　钟立华　王鑫根

副 主 编　李飞伟　杨悦群　陈校华

编写人员　张文冰　陈乐培　杜文娟　魏建荣

　　　　　袁志聪　卢嘉恩　邱翠玲　言　宇

　　　　　刘灵蛟　叶劲龙　麦敬明　谢卫锋

　　　　　谢树和　周启荣　戴丹妮

前　言

　　电力营销风险管理直接影响供电企业的经营成效，直接关系到供电企业的合法权益，直接决定着供电企业的优质服务形象。落实电力营销风险管控，是适应电力市场改革的趋势，营造规范、公平的电力营销环境；是治理营销领域权力寻租的选择，防范营销廉洁风险；也是构建客户全方位服务体系建设的刚性要求和基础保障。

　　为有效控制营销服务业务风险，预防重、特大营销责任事故的发生，本书编写人员编写了《电力营销业务风险评估及管控》，系统提炼现有风险管理研究成果，建立和完善电力营销风险管理体系，从而有效防范和管控营销风险。

　　本书基于成熟的电力营销风险管理研究及其相关理论，阐述了通用的电网营销业务风险评估的概念，结合东莞地区供电企业营销业务特点，着重介绍了电力营销各项业务风险识别、分析和评估方法。使用定性评价和定量评价相结合的 DMAIC 精益管理工具，分别对营销中的业扩报装、电能计量、电费抄核收、客户服务、用电检查、营销管理线损、客户停电管理、营销项目管理等八大专业中存在的风险进行识别、分析和评估，通过对历史营销稽查问题数据进行梳理分析，采用由美国安全专家格雷厄姆和金尼提出的 LEC 因素分析法，构建营销风险评估模型，形成健全的营销业务风险库，逐层剖析营销各环节风险点并制定对应的预控策略，实现风险闭环管理，有力地促进了供电营销管理工作的规范化、信息化和高效化。

本书可供供电企业稽查人员和营销业务专业管理人员阅读，通过阅读本书可以对营销风险的理解和防范有一定的帮助。

本书在编写过程中得到了编写人员单位的大力支持，参考了很多相关资料和供电企业有关文件，在此一并表示衷心的感谢。

由于编写水平有限，疏漏之处在所难免，恳请各位领导、专家和读者提出宝贵意见。

目　录

第一章

概　　述

人类在古代就对风险有一定的认识。古巴比伦、古埃及等文明古国很早就有互助互济、损失补偿的风险处理方法。近年来，现代企业愈加注重风险管理工作。其中，电力行业具有技术资金密集、供需瞬时平衡、生产运行连续、不能大规模有效存储等特征，具有较高的风险性。随着国家对供电企业监管力度的不断加强，电力客户对供电企业的服务要求越来越高，加强风险管理已是供电企业的首要任务，电力营销安全直接影响供电企业的经营成果，直接关系到供电企业的合法权益，直接决定着供电企业的优质服务形象。因此，供电企业必须长期重视电力营销风险研究。

一、风险的基本概念

（一）风险的定义

长期以来，理论界和银行实务人员均对风险提出概念。在权威的《新帕尔格雷夫经济学大辞典》中对风险的表述是：风险现象，或者说不确定性或不完全信息现象，在生活中无处不在。风险定义有三个方面是共同强调的：一是从风险的总体危害或后果而言，风险是指发生损失的可能性；二是从风险的性质或态势而言，风险是不确定的；三是从风险因素对行为主体可能带来的实质影响而言，风险是指实质结果和预期结果的偏差或偏离程度。

在电力行业，根据电气和电子工程师协会（IEEE）对风险的定义，风险为后果与概率的乘积，其两个要素是事故造成的影响与事故发生的概率。

（二）风险的特征

（1）风险的客观性。指风险发生的地点、时间及其造成的后果均不以人的主观意志为转移。诱发或产生风险的因素主要包括社会、经济、市场、政治等各方面环境和竞争对手经营策略的不确定性，公司经营活动与资金运动规律的复杂性，市场经济参与主体的认识及其他方面能力的局限性等，形成风险原因的客观性决定了风险的客观性。

（2）风险的复杂性。指由于在公司经营过程中各个环节所产生的风险无法完全了解或全面掌握，导致企业风险发生的原因、其表现形式、影响力和作用力，及风险形成的过程都十分复杂。

（3）风险的不确定性。指风险发生的时间、空间、程度、频度、范围，及风险管理过程分析、对策研究等都可以表现出各种不同形态，并以各自独特的方式显示其存在。风险的不确定性主要表现如下：外部变量预测的不确定性、内部计量的不确定性、结构的不确定性、事故后果评估的不确定性。

（4）风险的可预测性。指虽然风险有复杂性和不确定性，但从总体来看，风险会以某种统计规律出现，所以能运用概率论、统计学、数理分析等理论与工具描述风险发生的频率和损益的幅度，从统计规律上对风险进行量化。

（5）风险的相对性。指同一风险造成的后果和发生的频率对于不同的活动主体和不同时期的同一活动主体都是不同的，风险对不同的主体会带来不同的影响。

（6）风险的损益性。风险作为一种随机现象，具有发生和不发生两种可能，其后果或为损失或为收益。一般来说，企业更关心的是风险可能带来什么损失、可能引起哪些不利。

（7）风险的可变性。指由于环境的改变和社会的发展，风险的性质、种类和风险引起的损失程度都会发生改变。风险性质的变化、种类的变化、数量的变化、事件后果的变化与新旧风险出现更替性等因素构成了风险的可变性特征。经济体制、政治环境、科技发展与社会结构转变是导致风险可变性特征形成的主要原因。

二、风险管理的基本概念

（一）风险管理的定义

风险管理的概念是由 Huebner 于 20 世纪 30 年代提出，指各经济单位通过识别、估计风险，并在此基础上有效控制风险，用最经济合理的方法来综合处置风险，将风险导致的各种不利后果减少到最低限度的科学管理手段。

（二）风险管理的目标

风险管理的目标是将风险控制在与组织目标相适应并可承受的范围内。主要由两部分组成：损失发生前的风险管理目标，是避免或减少风险事故形成的机会；损失发生后的风险管理目标，是努力使损失的标的恢复到损失前的状态，包括维持企业的继续生存、持续经营、稳定收入与社会责任等。

三、风险管理发展研究

（一）风险管理发展历程

20 世纪 30 年代，风险管理开始萌芽。由于受到 1929～1933 年的世界性经济危机的影响，美国许多大中型企业都在内部设立了保险管理部门。

20 世纪 50 年代，在美国宾夕法尼亚大学的沃顿商学院，施耐德教授首次提出了"风险管理"的概念。后来，美国各研究机构加强了对风险管理理论的研究，各大中企业也纷纷设立风险管理部门及风险经理职务。

20 世纪 60 年代，概率论和数理统计的运用，使风险管理从经验走向科学。风险管理的研究逐步趋向系统化、专门化，风险管理终于成为管理科学中的一门独立学科。

20 世纪 70 年代，日内瓦协会的成立将风险管理思想带入了欧洲。

20 世纪 80 年代，在美国召开的风险和保险管理协会年会、由欧洲 11 个国家共同成立的"欧洲风险研究会"、在新加坡召开的风险管理国际学术讨论会这三个标志性事件，宣告全球风险管理的确立。

20 世纪 90 年代，澳大利亚和新西兰联合制定了世界上第一个国家风险管理标准——AS/NZS4360，明确定义了风险管理的标准程序。同期，中国在证券金融方面引入风险管理的概念。

21 世纪，国际标准化组织 ISO 正式发布了 3 个用于风险管理的标准：ISO 31000：2009《风险管理——原则与指南》、ISO 指南 73：2009《风险管理——术语》、ISO/IEC 31010：2009《风险管理——风险评估技术》。我国国务院国有资产监督管理委员会发布了第一个中国的全面风险管理指导性文件——中央企业全面风险管理指引，另外还发布了国家标准 GB/T 24353—2009《风险管理原则与实施指南》。

（二）供电企业风险管理发展历程

1. 安全生产标准化建设

安全生产标准化，是指通过建立安全生产责任制，制定安全管理制度和操作规程，排查治理隐患和监控重大危险源，建立预防机制，规范生产行为，使各生产环节符合有关安全生产法律法规和标准规范的要求，人（人员）、机（机械）、料（材料）、法（工法）、环（环境）、测（测量）处于良好的生产状态，并持续改进，不断加强企业安全生产规范化建设。安全生产标准化体现了"安全第一、预防为主、综合治理"的方针和"以人为本"的科学发展观，强化风险管理和过程控制，注重绩效管理和持续改进。

2011 年 8 月，国家电监会和国家安全生产监督管理总局联合印发《关于深入开展电力安全生产标准化工作的指导意见》（电监安全〔2011〕21 号）、《电力企业安全生产标准化规范及达标评级标准》（电监安全〔2011〕23 号）、2011 年 9 月 21 日，电监会印发了《电力安全标准化达标评级管理办法》（电监安全〔2011〕28 号）以及《电力安全生产标准化达标评级实施细则》（办安全〔2011〕83 号）。供电企业通过持续开展安全生产标准化建设，有效提高企业安全生产水平，从而推动安全生产状况的根本好转。

2. 安全生产风险管控机制

1990 年开始，国家电网公司借鉴国外"风险评估"等方法，对发电、供电企业安全性评价工作进行了积极的探索，并相继编写了《供电企业安全性评价》等文件。

2006 年，国家电网公司推行企业安全风险评估机制，完成供电企业安全风险评估标准一套五册，于 2008 年 10 月出版发行。

2008 年，国家电网公司在全网范围内大力开展基于危险源识别、风险评估和风险控制的安全生产风险管控机制建设。以"作业安全风险预控"为核心，要求公司各级供电企业需要结合自身实际，在《供电企业安全风险评价规范》和《供电企业作业安全风险辨识防范手册》的基础上，建立完善的《安全风险管理体系》。

2009年，国家电网公司成立全面风险管理委员会，持续推动风险管理创新，深化风险管理应用。

3. 安全生产风险管理体系

南方电网公司在2003年成立之初，便致力于运用现代安全管理手段，对传统电力安全管理进行完善和优化。从2004年开始，在遵义供电局、深圳供电局和珠海供电局正式启动安全生产风险管理体系建设试点工作。2008年，在总结试点成功经验的基础上，正式发布并出版南方电网公司企业规范《安全生产风险管理体系》。目前，安全生产风险管理体系在南方电网公司下属的所有生产经营单位全面推行，取得了良好的效果，为央企探索建立现代安全生产管理体系，做出了积极贡献。

4. 营销业务领域风险管理

2009年，国家电网公司颁发《国家电网公司营销安全险防范与管理规范（试行）》《国家电网公司营销安全风险防范工作手册（试行）》，并要求各电力公司建立健全相应的营销安全风险管理制度，采取有效措施防止营销风险的扩大和蔓延。同时要求各电力公司探索研究新的风险防范措施与方法，从风险点识别、防范措施、管理制度等方面不断补充风险防范管理体系。

2011年后，随着南方电网公司一体化框架的建立，将风险管控纳入公司中长期发展战略，体系由生产向营销领域延伸，建立营销业务风险库，形成内部风险（现状）评估——识别——控制的常态闭环管理模式。

2013年，南方电网公司发布《中国南方电网有限责任公司营销风险管理办法》（Q/CSG214011—2013），作为南方电网供电企业营销风险管控的纲领性管理文件，明确了营销风险管控的定义及基本管理要求。

2014年，广东电网公司发布《关于加强营销业务重、特大风险管控工

作的通知》(广电市部〔2014〕1 号),对营销业务常见的 44 类重特大风险进行梳理,并编制了管控要求,防止和减少营销风险造成的损失和影响。2014 年起,东莞供电局营销稽查中心于 2014 年开始构建营销业务风险管理体系。2015 年,稽查中心省内首创编制营销业务风险库,全面识别对营销各专业的业务环节进行识别,对风险点进行统一问题描述标准,量化评估风险等级,显著提高了现场稽查作业的规范化和标准化程度。

四、电力营销风险的基本概念

(一)电力营销风险的定义

在《中国南方电网有限责任公司营销风险管理办法》中对电力营销的定义为:电力营销风险是指企业在营销过程中,由于企业环境复杂性、多变性和不确定性以及企业对环境认知能力的有限性使企业制定的营销战略和策略与市场发展变化的不协调,从而可能导致营销活动受阻、失败或达不到预期营销的目标等企业承受的各种风险。

(二)电力营销风险的特征

鉴于电能这类特殊产品的不可存储性和不可鉴别性,使得电能商品成为一种不同于一般工业产品的特殊商品。因而,电力市场作为进行电能商品交易的市场,是区别于普通市场的。由于电力行业的特殊性,使得供电企业的电力营销有异于一般意义上的市场营销,其更多的是强调业务性和服务性。电力营销业务风险的特征主要有以下五点。

客观性。电力营销风险是客观存在的,不能因为近期没有发生就认为万事大吉。风险的最大确定性在于风险是确定存在的,无论如何做好预防工作,某些风险总是会发生。

内部性。电力营销风险的发生更多的是由于企业内部工作的不规范导致的,而由外部市场所引起的电力营销风险则比其他行业营销风险要少得多。

关联性。供电企业的电力营销业务涵盖内容广泛,与其他多个电力业

务环节环环相扣，所以，电力营销风险的发生不仅影响到电力营销业务的其他方面，也会影响到其他电力业务。

全面性。电力营销风险不仅存在于营销的个别工作中，而且还贯穿于电力营销业务的各个领域、流程。虽然目前供电企业把营销单独划分、独立运作，但营销工作是整个企业都涉及的工作，所以营销风险的发生与否还是会受到其他业务或部门的影响。

可管理性。电力营销风险大部分是可以管理的，也就是说可以通过采取规范工作流程、严格工作要求、提高工作素质等措施来加以防控和管理。虽然风险具有可管理性，但是，这并不代表风险可以完全被避免。这里说的可管理性是指某些风险发生后，能够对其进行正确的和良好的管理，以减少或规避风险所导致的不利后果，并在以后的工作中避免或更好地应对这些风险。

以上五个特征并不是指电力营销风险所特有的，只是针对电力营销风险而言，这些特征比较突出，对正确认识营销业务的风险也会有很大帮助。可以看出供电企业营销风险产生的成因和过程有着极其复杂的因素，存在客观性、内部性、关联性、全面性、可管理性。因现阶段供电企业暂未具备系统完善的营销风险基本规律的科学认识，导致营销风险和营销差错屡禁不止。

本章介绍了风险的基本概念、风险管理的基本概念、风险管理发展研究与电力营销风险的基本概念等电力营销风险管理研究的相关基础理论知识，分析电力营销业务所面临的环境、营销业务的特点，为保证有目的、有选择地进行电力营销风险的评估和管控奠定良好的基础。

电力营销风险评估

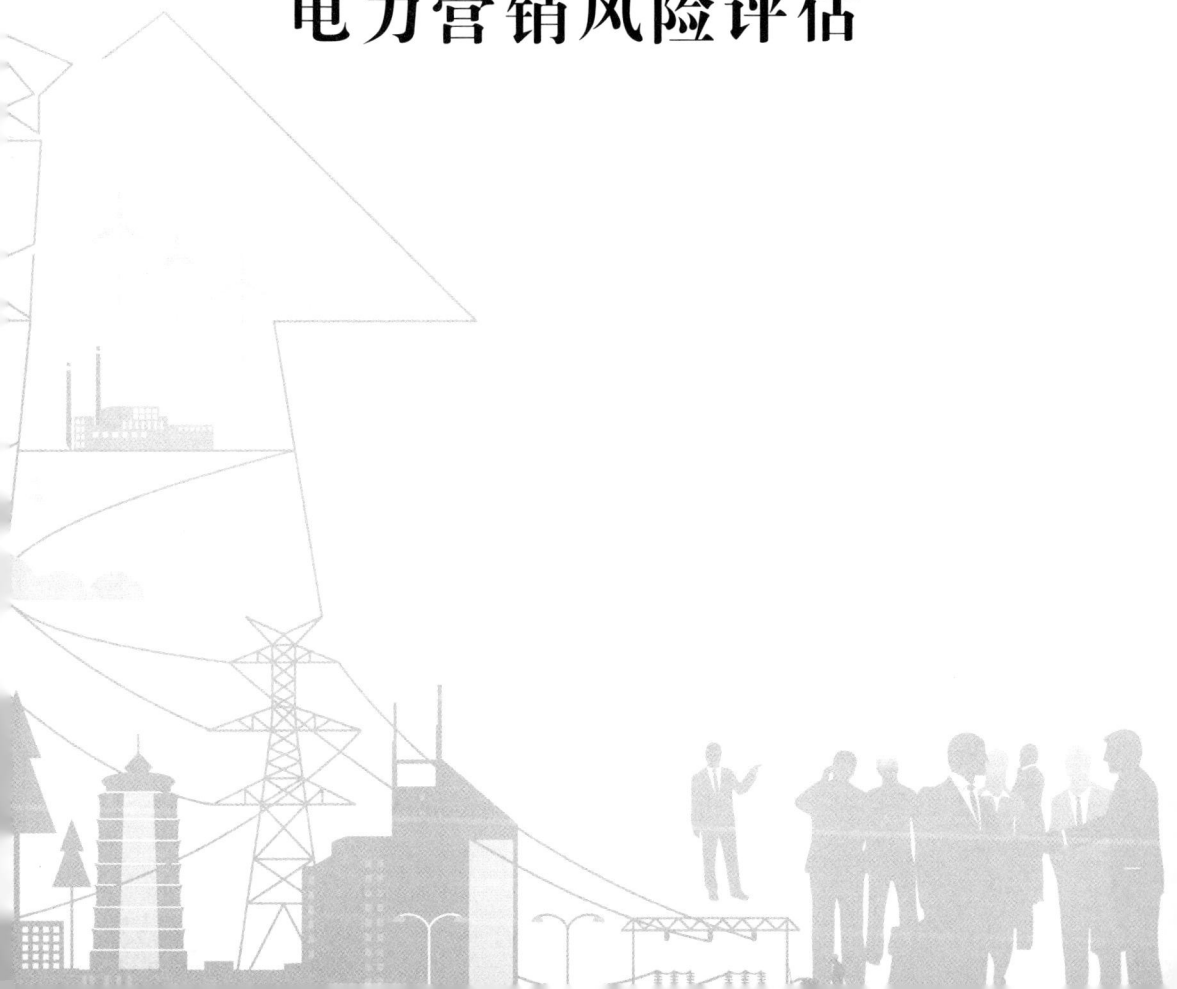

将成熟的风险管理理论、预警管理及其相关理论和方法引入国内供电企业的电力营销业务当中，通过构建电力营销业务精益化风险管理流程，全面、系统地对风险点进行准确识别与评估，继而对风险实施有效地防范和控制，实现风险的提前预防、系统应对和科学管理，防止风险的扩大和蔓延，提升供电企业电力营销业务风险的识别和预警防范能力。

第一节　电力营销风险评估管理

在电力营销风险管理理论中，电力营销风险是供电企业全面风险管理的组成部分，贯穿于供电企业决策和经营管理的各个环节。电力营销风险管理由明确营销风险环境信息、营销风险评估、营销风险控制、监督和检查等步骤组成，其中电力营销风险评估包括营销风险识别、营销风险分析、营销风险评价等三个步骤，如图2-1所示。目前，电力企业还通过制定稽查问题编码管理系统，从而实现数字化稽查，以信息化、智能化实现风险数据可视化管控，为电力营销风险评估管理提供信息化支撑。

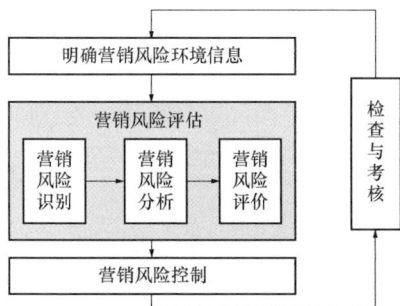

图2-1　营销风险评估流程图

一、电力营销风险识别

（一）电力营销风险识别定义

电力营销风险识别是指发现、列举和描述风险要素（包括风险源、事

件、后果和概率）的过程。

1. 风险源

风险源是指引发营销风险意外事件的根源、状态或行为，包括以下几个方面。

（1）人的失误：管理人员、操作人员等相关人员的由于意识或能力不足而导致的错误。

（2）制度及流程的缺陷：制度或流程设计不合理。

（3）技术及标准的缺陷：相关的技术与标准不完善、不匹配。

（4）设备及工具的缺陷：相关的设备或工具不达标、不相容。

（5）法规政策的影响：法规政策的变动、调整。

（6）自然因素的影响：自然环境的变化、不可控因素。

（7）相关方的影响：客户或合作伙伴等相关方引发的不良影响。

2. 电力营销风险类别

根据营销业务特点，营销风险分为以下三类。

（1）客户用电安全风险：指由于客户用电设施设备不符合安全要求，或客户不规范的用电行为可能导致的人身伤害、设备或财产损失，以及对电网安全稳定运行产生影响的风险。

（2）营销作业风险：指在营销业务活动中，存在或潜在的作业环境不良、设备工具缺陷及人员操作失误等原因可能引起人身伤害、设备或财产损失，以及对电网安全稳定运行产生影响的风险。

（3）营业管理风险：指在市场营销业务活动中，存在或潜在的、可能造成供电成本增加或收益下降的风险。

（二）电力营销风险识别方法

风险识别是风险评估和管理控制过程中一项重要的工作。其主要任务是明确企业风险的存在，并找到引起风险发生的主要因素，为其后的风险评估和管理控制打下基础。常见的风险识别方法有：流程图法、专家经验法、故障树法、头脑风暴法、风险树图解法、指标分解法等，在具体风险的识别过程中可结合多种方法全面而系统地识别营销风险。

二、电力营销风险分析

在风险识别的基础上，对风险可能导致的后果进行定量的充分的估计和衡量，对风险的关键点、风险发生的行为特征、风险发生的可能性及频率、风险影响面等方面进行定性分析，这就是通常意义上的风险分析过程。

电力营销风险分析一般来说，包括以下三个步骤：第一，专家凭借自身的直觉、经验、信息资料，定性描述风险发生概率和风险后果，并分级。第二，基于定性分级，对各级别描述赋予一定的分值，定量化风险发生概率和风险后果。第三，根据定量化的风险发生概率和风险后果对风险的严重性进行判断。在具备充分而准确的信息资源基础上，正确运用概率数理统计方法，并在一定程度上依靠管理人员的经验进行专业判断，才能实现准确的风险分析。

三、电力营销风险评价

电力营销风险评价是在识别与分析的基础上，对某种特定的营销风险，通过测定各种风险因素和风险事件发生概率区间及其损失程度等，并对这些指标和数据进行处理分析，与公认的安全指标相比较，从而衡量风险程度，对发展趋势做出预测，为合理选择风险对策和营销风险预警提供依据，并决定是否需要采取相应措施的过程。

选取评价方法时应根据评价的特点、具体条件和实际需要，针对评价对象的实际情况、特点和评价目标，分析、比较，选择有效、可行的风险评价方法进行风险评价。必要时，宜根据评价方法的特点，选用几种评价方法对同一评价对象进行评价，互相补充、分析综合、相互验证，以提高评价结果的准确性。一般来说，风险评价可以采用调查问卷法、专家座谈法、BP 神经网络法、风险矩阵分析法等。

第二节　电力营销业务精益化风险管理流程

为了使电力营销业务风险管理更加系统化、具有更强的执行力和可操作性，更容易让工作在一线的营销业务人员尽快了解掌握营销安全风险管理的内容，设计电力营销业务风险管理的流程是非常必要的。在通用的全面风险管理流程的基础上，结合电力营销业务风险的特点，构建电力营销业务精益化风险管理流程，从注重事后整改向注重事前预警、事中监控转变，同时阶段性地对流程进行评估和监控，通过不断发展、完善、优化业务流程保持供电企业的高效运营。

在电力营销业务精益化风险管理流程设计的过程中，遵守精益管理DMAIC管理循环的概念。DMAIC是指定义（Define）、测量（Measure）、分析（Analyze）、改进（Improve）、控制（Control）五个阶段构成的过程改进方法，是六西格玛管理中流程改善的重要工具，强调从客户的眼光来看一个企业经营过程或流程中的问题，适用于比较复杂的、系统性问题的解决。

（1）D——定义阶段。定义阶段主要是全面识别企业内外部的环境信息及各类风险的类别信息，并建立风险管理团队，组织进行风险识别，全面梳理各业务流程及岗位职责中的风险信息，包括风险名称及风险事件，整理形成包含风险分类、风险事件、关联管理责任矩阵的风险信息基础数据库。

（2）M——测量阶段。六西格玛方法是基于数据的决策的一种思想，因此企业开展风险管理工作在测量阶段，应针对识别出的风险运用打分评价建立起可测量的风险评价系统。通过制定风险打分评价标准，对打分评价人员赋予不同权重，使风险打分测量结果因测量系统导致的误差最小，保障数据准确真实地反映风险水平的状况，使风险管控人员明确认识目前面临的需要优先管控的重大风险。

（3）A——分析阶段。分析阶段是对评估出的风险进行深层次动因分析，运用关键分析法（包括鱼骨图、因果图、多变量图、回归分析、头脑风暴）、层次分析法、故障树分析法、危险预知分析法、系统可靠性分析法、动态事故树分析法、价值链分析法等，深挖影响重大风险的关键因素。通过风险分析挖掘影响风险发生的潜在原因，为下一步改进阶段奠定坚实基础，从而精确地制定风险应对策略及解决方案。

（4）I——改进阶段。该阶段风险管理工作目的是制定一个成本效益相平衡，且具有可操作性的最佳风险管理策略及解决方案。同时，按计划实施风险应对策略及解决方案，组织风险管理关联责任部门对风险进行持续的监控预警，定期收集风险监控预警信息并进行定量定性分析，找出亟须管控与改进的高风险，必要时修改风险应对策略及解决方案，对高风险实施管理改进，督促风险管控措施有效落地。

（5）C——控制阶段。对阶段性管理效果进行回顾，通过持续的风险监控预警与管理改进，对风险监控预警手段及方法不断固化，形成常态化的风险监控预警机制，从而持久保持风险管理改进成果，同时通过不断的迭代循环将风险管理工作的操作流程进行规范与固化，形成标准化风险管控执行标准。

通过精益管理 DMAIC 模型对供电企业营销风险管控情况进行分析，电力营销业务精益化风险管理流程如图 2 - 2 所示，共分为风险辨识、风险评估、风险管控、风险回顾四个环节。

一、风险辨识

定义：在风险事故发生前，人们用各种方法来系统地、持续地认识在营销过程中面临的各种风险以及分析风险事故发生的潜在原因。

目的：全面辨识造成风险的危险源、诱因、性质、分类及结果。查找企业各业务单元、各项重要经营活动及其重要业务流程中是否有风险，有哪些风险。

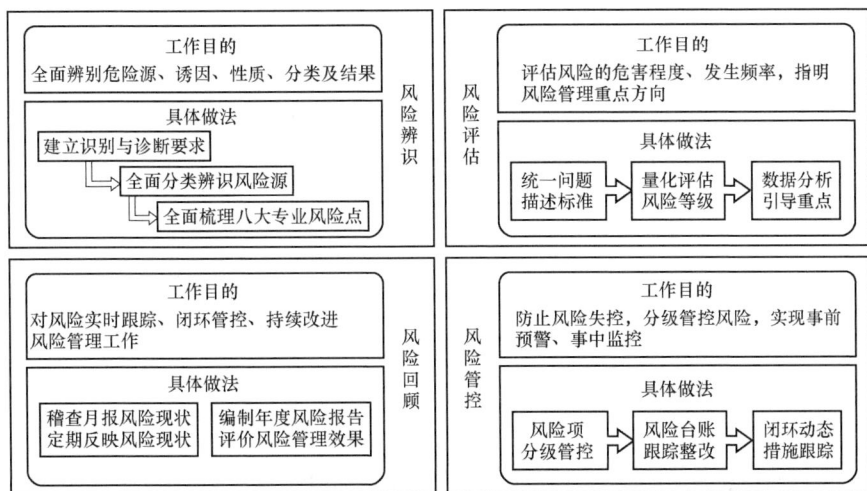

图 2-2　电力营销业务精益化风险管理流程

要求：①完整，确保主要风险都能够被辨识，至少确保重要重大风险无遗漏；②准确，确保所辨识的风险是真正的风险点，且能够针对性地采取措施，为企业带来价值。

（一）建立识别与诊断要求

1. 风险辨识的内容

（1）风险的种类。

（2）风险的物理特性（大小、形状、温度、体积、数量）。

（3）风险的分布。

（4）产生风险的条件或途径。

（5）暴露的人数、频率。含人员知识、技能、资质。

2. 风险辨识注意点

（1）要对风险辨识内容的全部信息进行收集，并尽量量化描述。

（2）要考虑内外部因素。内部：本企业生产活动所带来，可能影响企业营销活动的因素。外部：不受企业控制，可能给企业电网、设备、人员、环境带来损害的因素。如自然灾害、公共卫生与疾病、外部危险设备设施、人为破坏因素等。

（二）全面分类辨识风险源

辨识风险源时，需分析一切和工作有关的细节，找出各个环节、不同环境独自或相互引起的风险源。通过全面对八大电力营销专业的 84 个业务环节进行了分类整理，界定其所属专业、所属业务环节（问题分类）、风险等级，规范问题的描述。

（1）业扩报装。业扩，又称业务扩充；业扩报装是指为客户办理新装、增容、变更用电相关业务手续，制订和答复供电方案，对客户受电工程进行设计审核、中间检查和竣工检验，以及签订供用电合同、装表接电并建立客户档案的管理过程。

业扩报装业务共有 12 个业务环节，包括业务受理、供电方案、设计审核、中间检查、电子化移交、竣工检验、合同签订、装表接电、资料归档、变更及其他业务、其他、问题整改及反馈等。

（2）电能计量。电能计量是指供电企业制定了相关的规章制度，保证电能计量量值准确、统一和计量装置运行的安全、可靠，规范电能计量业务的操作和管理，为经营决策提供准确的电能量数据支撑。

电能计量业务共有 10 个业务环节，包括计量资产管理、计量质量检测管理、计量封印管理、计量运行管理、计量装置装拆管理、计量装置系统录入管理、电能计量装置故障处理管理、计量自动化系统管理、其他、问题整改及反馈等。

（3）电费抄核收。电费抄核收是指从电力营销系统形成抄表数据到收费销账的一系列业务过程。

电费抄核收业务共有 10 个业务环节，包括建立维护客户抄表档案、抄表计划与抄表区域定期轮换、抄表、核算、收费、改单和退补、电费坏账核销、电费对账、其他、问题整改及反馈等。

（4）客户服务。客户服务是指在电力供应过程中，供电企业为满足客户获得和使用电力产品的各种相关需求的一系列活动的总称。

客户服务业务共有 18 个业务环节，包括服务环境、信息披露、服务承诺、营业厅业务管理、营业厅诉求管理、95598 业务受理、回访工作、故障报修处理、投诉举报处理、服务监控、知识库管理、主动服务、便民服务、大客户服务、客户关系管理、应急管理、其他、问题整改及反馈等。

（5）用电检查。用电检查是指为了保障电网的安全、稳定、经济运行，维护正常供用电秩序和公共安全，保护供用电双方的合法权益，供电企业按照《电力法》《电力供应与使用条例》《供电营业规则》《用电检查管理办法》等对客户用电情况开展用电安全管理和供用电合同履行等情况的检查工作。

用电检查业务共有 11 个业务环节，包括用电检查资格、日常检查计划专项检查计划、现场检查及资料归档、用检发现问题整改反馈、用户电气事故（事件）、重要客户管理、窃电和违约用电查处、居民家电损坏调查、其他、问题整改及反馈等。

（6）线损。电网经营企业在电能传输过程中所发生的全部电能损耗，叫作线损，是电力网综合电能损耗的统称，包括两种：①管理线损，电能在电网传输过程中，由于计量、抄表、窃电及其他人为因素造成的电能损失；②技术线损。电能在电网传输过程中，由于传输介质固有的物理特性所产生的电能损耗。

管理线损业务共有 5 个业务环节，包括管理措施、异常分析、异常处理、其他、问题整改及反馈等。

（7）停电管理。停电管理是指在配电系统数据集成的基础上，实现用户故障的电话报修，停电范围、原因、恢复供电时间的自动应答和基于用户性质、设备信息、班组计划的故障检修协调指挥。

停电管理业务共有 10 个业务环节，包括有序用电管理、预安排停电管理、故障停电管理、违约用电停电处理、停电通知、节能服务、停复电资料管理、客户停电时间统计、其他、问题整改及反馈等。

（8）营销项目管理。营销项目管理是指规范营销项目管理工作，提高营销项目管理工作质量和效率，控制营销项目风险。营销项目一般分为营销技改项目和营销费用性项目。

营销项目管理业务共有 8 个业务环节，包括立项管理、前期管理、计划管理、实施管理、验收管理、结算管理、其他、问题整改及反馈等。

二、风险评估

定义：在风险事件发生之前或之后，对辨识出的风险及其特征进行分析和描述风险发生可能性的高低、风险发生的条件，评估风险对企业实现目标的影响程度、风险的价值等。风险评估就是量化测评某一事件或事物带来的影响或损失的可能程度。

目的：全面了解企业整体的风险现状，评估风险的危害程度、发生频率，找出在现有内外部环境、发展态势和管理水平下，对经营目标实现影响最大的风险，并进行管理优先排序，指明风险管理重点方向。

要求：①专业准确。定性与定量相结合；②统一评估。风险评估的前提是统一企业各个层面对风险的认识，形成一套通用的风险语言；③动态评估。风险评估需要动态管理。

（一）统一问题描述标准

1. 编码管理

建立数字化稽查模式，整合现有稽查管理资源，实现对电力营销各专业的数字化、精细化稽查，提高电力营销稽查工作效能。在实行数字化稽查工作中，制定一整套稽查问题编码管理系统，使营销业务问题使用统一的数字语言进行环节间的传递，对办案流程进行实时跟踪和记录。

编码管理系统是对风险问题按照专业分类序列逐一顺序用数码予以统一编号，精益化实现营销业务风险的数字评估。其最大优点是对八个专业的每一个业务环节都明确责任，更加有效地控制人的行为，把管理的触角延伸到企业的每一个角落，避免管理的盲区、漏洞和失误；实现精细化管理和数字化管理"自动、互动和联动"，提升问题统计的规范性，提升企业营销业务管理境界。建立统一的编码系统，设计规范的编码标准，具体来说包括编码规则、码段和编码值三方面内容。

编码规则：组成某个编码序列的规则和规定，要保证依照此规则生成的值具备唯一性和含义性，即首先要能保证整个编码值是唯一的，其次要从编码值中，理解其中的含义。

码段：组成编码的各个分段，每一个具体的码段都有其实在含义。

编码值：依照一定的编码规则，具体生成的某个字符（数字）序列，用来表达某个对象某方面的特征。

本书对于风险问题的编码设计共三段五位，第一段（第一位）代表专业；第二段（第二、第三位）代表业务环节；第三段（第四、第五位）代表业务问题。

（1）编码第一段（第一位）代表专业，具体含义见表2-1。

表2-1　　　　　　　　　　　编码第一段含义

所属专业	编码	所属专业	编码
业扩报装	1	用电检查业务	5
计量管理	2	线损管理	6
抄核收	3	停电管理	7
客户服务	4	项目管理	8

（2）编码第二段（第二、第三位）代表业务环节，具体含义见表2-2。

表2-2　　　　　　　　　　　编码第二段含义

所属专业	业务环节	编码
业扩报装	业务受理	01
	供电方案	02
	设计审核	03
	中间检查	04
	电子化移交	05
	竣工检验	06
	合同签订	07
	装表接电	08

所属专业	业务环节	编码
业扩报装	资料归档	09
	变更及其他业务	10
	其他	11
	问题整改及反馈	12
计量管理	计量资产管理	01
	计量质量检测管理	02
	计量封印管理	03
	计量运行管理	04
	计量装置装拆管理	05
	计量装置系统录入管理	06
	电能计量装置故障处理管理	07
	计量自动化系统管理	08
	其他	09
	问题整改及反馈	10
电费抄核收	建立和维护客户抄表档案	01
	抄表计划与抄表区域定期轮换	02
	抄表	03
	核算	04
	收费	05
	改单和退补	06
	电费坏账核销	07
	电费对账	08
	其他	09
	问题整改及反馈	10
客户服务	服务环境	01
	信息披露	02
	服务承诺	03
	营业厅业务管理	04
	营业厅诉求管理	05

所属专业	业务环节	编码
客户服务	95598 业务受理	06
	回访工作	07
	故障报修处理	08
	投诉举报处理	09
	服务监控	10
	知识库管理	11
	主动服务	12
	便民服务	13
	大客户服务	14
	客户关系管理	15
	应急管理	16
	其他	17
	问题整改及反馈	18
用电检查	用电检查资格	01
	日常检查计划	02
	专项检查计划	03
	现场检查及资料归档	04
	用电检查问题整改及反馈	05
	用户电气事故（事件）	06
	重要客户管理	07
	窃电和违约用电查处	08
	居民家电损坏调查	09
	其他	10
	问题整改及反馈	11
管理线损	管理措施	01
	异常分析	02
	异常处理	03
	其他	04
	问题整改及反馈	05

所属专业	业务环节	编码
停电管理	有序用电管理	01
	预安排停电管理	02
	故障停电管理	03
	违约用电停电处理	04
	停电通知	05
	节能服务	06
	停复电资料管理	07
	客户停电时间统计	08
	其他	09
	问题整改及反馈	10
项目管理	立项管理	01
	前期管理	02
	计划管理	03
	实施管理	04
	验收管理	05
	结算管理	06
	其他	07
	问题整改及反馈	08

（3）编码第三段（第四、第五位）代表业务问题，以流水号表示。

2. 统一描述

风险评估不仅是企业应对风险的基础，也是企业统一风险语言的一个过程，因此为改善风险评估活动的有效性，应首先制定一套通用的风险语言，统一风险问题描述标准，更清晰地揭示风险，并统一大家对风险的认识，提高了现场稽查作业的规范化和标准化程度。一般采用"原因（要素的状态/变化）＋引导词（导致/造成）＋后果（导致的直接后果）"的句式进行统一描述。

3. 规范引用

为了使每个风险问题都有据可依，有章可循，均注明引用规范文件出处与对应要求，以便企业稽查时能够按章执行，避免违规。

4. 后果明晰

针对三级及以上风险（较可能造成一般及以上营销差错），均注明问题发生可能引起的后果，并标注评估依据。

（二）量化评估风险等级

风险等级划分以风险评估矩阵法为主。在确定风险发生概率和事故后果严重程度的基础上，明确风险等级划分标准，建立风险矩阵。

1. 风险矩阵定义与用途

风险矩阵是一种将定性或半定量的后果分级与产生一定水平的风险或风险等级的可能性相结合的方式。

风险矩阵在本书中主要用来根据风险等级对风险、风险来源或风险应对进行排序。它通常作为一种筛查工具，以确定哪些风险需要更细致的分析，或是应首先处理哪些风险。它还被用作一种筛查工具，以挑选哪些风险此时无须进一步考虑。根据其在矩阵中所处的区域，此类的风险矩阵也被广泛用于决定给定的风险是否被广泛接受或不接受。

2. 风险矩阵的建立

为了进行风险分级，使用者首先要发现最适合当时情况的结果描述，然后界定那些结果发生的可能性。然后，从矩阵中读取风险等级。

很多风险事项会有各种结果，并有各种不同的相关可能性。因此，有必要选择正确适用的评分机制。在很多情况下，有必要关注最严重的可信事项，因为这些事项会带来最大的威胁，经常也是管理者最关注的事情。有时，有必要将常见问题和不可能的灾难归为独立风险。关键是要使用与所选结果相关的可能性，而不是整个事项的可能性。

（三）数据分析引导重点

通过风险库开展风险数据分析与评估，研究风险的类型、发生频率，通过数据分析发现哪些环节发现的风险问题最多，引导重点稽查方向，实现"数据指导稽查"。

三、风险管控

(一) 风险项分级管控

定义：是指在风险辨识和风险评估的基础上，针对企业所存在的风险因素，积极采取控制措施，以消除风险因素或减少风险因素的危险性。

目的：防止风险失控，分级管控风险，实现事前预警、事中监控，在事故发生前，降低事故的发生概率；在事故发生后，将损失减少到最低限度，从而达到降低风险损失的目的。

要求：①适当，选择适当的风险管理工具，确定资源的配置原则；②及时，总结和分析风险管理策略的合理性和有效性，及时修正调整。

(二) 风险整改及闭环跟踪

跟踪营销风险整改完成情况，对问题整改情况量化动态跟踪，实现流程化管控，如图 2-3 所示。

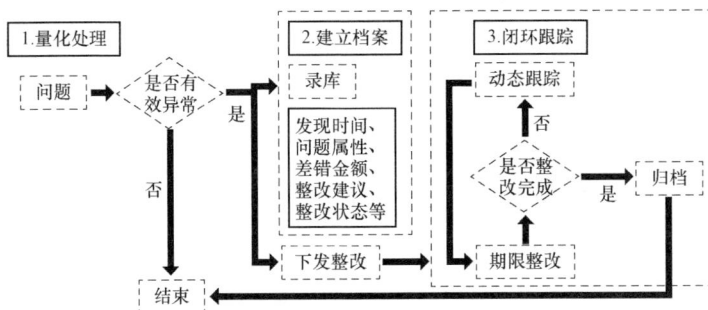

图 2-3 营销风险整改流程

构建基于营销风险管理平台的闭环整改机制，通过研发信息平台自动关联、自动统计的数据记录程序，实现系统台账展示、数据分析、闭环预警功能，稽查人员通过系统开展梳理问题发现、责任确定、整改实施、整改验收、评价考核等各管理流程环节要求，落实风险问题跟踪验证。

通过建立系统化的风险问题整改台账，加大对已整改问题的整改质量进行复查，提高责任单位整改执行力，有效保障营销问题按质整改，有效提升闭环整改工作效率。通过问题发现频次和后果严重程度两个维度，对多发问题、重复发现问题、风险等级高问题进行专项分析，并通过制定有效合理的控制措施，进一步提升营销业务规范化管理水平，达到营销风险持续有效控制的目的。

四、风险监控及回顾

定义：对企业风险管理的实施效果进行全面监控，必要时加以修正。监控可以通过持续的管理活动、个别评价或者两者结合来完成。

目的：对影响企业绩效的内外部因素的评估，对风险实时跟踪、闭环管控，确保及时识别并传达相关信息，判定风险控制措施设计的执行充分性、有效性和适应性，持续改进风险管理工作。

要求：①平衡，坚持经营战略与风险策略一致、风险控制与运营效率及效果相平衡的原则；②持续，加强风险管理的监督与持续改进。

风险监控的过程可以发现相关的风险，并进行预警。对战略风险进行定期监控首先要关注监控的手段，可以通过构建风险监控平台、构建信息系统等方式对相关风险进行监控，并针对某些风险提出预警。风险回顾以某个时间段为周期，如一年、半年、一季度、一月，回顾在该时间段内的所有业务过程中，危险源识别是否全面，是否有遗漏；风险控制措施（方案）是否充分、有效，是否将风险降到可接受水平，在落实控制措施中是否产生新的危险源，是否需要补充完善控制措施，风险控制措施是否已被用于实际工作中，在面对诸如完成工作的压力等情况下是否被忽视。并在此基础上，进一步分析评价，评定危害程度和影响范围，合理划分风险等级，确定优先控制顺序，作为下一个时间段风险管理的目标与完善整改治理方案，修订风险控制程序、操作规程、应急预案的依据，并采取措施消减风险，将风险控制在可以接受的程度，达到预防事故，确保企业安全运营的目的。

第三节　电力营销风险评价方法

风险评价方法是建立风险评价模型的理论基础，目前对风险评价方法已有不少研究，可按方法的性质和具体方法内容进行划分。

一、风险评价方法按性质划分

常见的风险评价方法按性质划分可以分为定性评价、定量评价和定性与定量相结合评价三大类，根据不同的需求可以选取不同的评价方法进行评价。

定性评价方法主要根据评价者的知识及经验对系统的风险状况做出判断。定性分析方法是使用得最广泛的风险分析方法。该方法通常只关注威胁事件所带来的损失，而忽略威胁事件发生的概率。定性评价方法的优点是使评价的结论更全面、深入。缺点是主观性很强，对评价者要求太高。典型的定性评价方法有：故障树分析（FTA）、事件树分析（ETA）、原因后果分析、风险模式影响及危害性分析（RMECA）、德尔斐法等。

定量评价方法将风险发生的概率、风险危害程度量化，并相乘得到的结果可以计算威胁事件的风险等级，并做出相应的决策。定量评价方法的优点是分析过程和结果直观、明显、客观、对比性强。缺点是量化过程中简单化、模糊化、会造成误解和曲解。典型的定量评价方法有：故障树分析法、风险评审技术。

定性与定量相结合的评价方法就是将定性评价方法和定量评价方法这两种方法有机结合起来，做到彼此之间的取长补短，使评价结果更加客观、公正在复杂的信息系统风险评价中，不能将定性分析与定量分析简单地分割开来。评估过程中对结构化很强的问题，采用定量分析方法，对于非结构化的问题，采用定性分析方法，对于兼有结构化特点和非结构化特点的问题，采用定性与定量相结合的评价方法。典型的综合评价方法有：概率风险评价、动态风险发生概率评价、层次分析法等。

二、电力营销风险评价常用方法

风险评价是涉及面广、难度较大的项目，专家学者提出了形式各异的评价方法，不同的方法各有优劣。具体选择哪一种方法需要根据实际情况进行考虑，也可综合多种方法建立模型。下面分别从定性评价、定量评价和定性、定量相结合评价三个方面出发，介绍几种典型的评价方法。

（一）德尔斐法

德尔斐法是一种定性评价的专家调查法，它不必以唯一的答案作为最后结果，只是尽量使多数专家的意见趋向集中，但不对回答问题的专家施加任何压力。德尔斐法本质上是一种反馈匿名函询法，具有匿名性、多次有控制反馈以及统计表述专家意见等特点。

运用德尔斐法进行风险评价时，一般步骤如下。

（1）由组织者发给专家调查表，调查表是开放式的，只提出预测问题，并提供相关资料。然后预测组织者要对专家填好的调查表进行汇总整理，归并同类事件，排除次要事件，用准确术语提出一个预测事件一览表，并作为第二轮调查表发给专家。

（2）专家对第二轮调查表所列的每个事件做出评价。然后预测组织者汇总第二轮专家意见后，对专家意见做统计处理，整理出第三张调查表。

（3）第三张调查表发下去后，请专家做以下事情：重审争论；给出自己新的评价；如果修正自己的观点，也请叙述为何改变，原来的理由错在哪里，或者说明哪里不完善。专家们的新评论和新争论返回到组织者手中后，组织者总结专家观点，重点在争论双方的意见，形成第四张调查表。

（4）请专家对第四张调查表再次评价和权衡，做出新的预测。是否要求做出新的论证与评价，取决于组织者的要求。当第四张调查表返回后，组织者归纳总结各种意见的理由以及争论点。

（二）故障树分析法

故障树分析法（FTA）是一种定量评价方法，由美国贝尔实验室的沃特森博士开发，它采用了逻辑的方法，利用图的形式将可能造成风险的各种因素进行分析，并确定其各种可能组合方式。该方法能将项目安全风险由粗到细，由大到小，分层排列，容易找出所有基本风险事件，逻辑关系明晰，分析结果准确。

故障树法的分析步骤如下。

（1）确定故障树的顶上事件。将易于发生且后果严重的事故作为顶上事件。

（2）调查与顶上事件有关的所有原因事件。做出故障树图，一层一层往下分析各自的直接原因事件，根据彼此间的逻辑关系，用逻辑门连接上下层事件，直到所要求的分析深度，形成一株倒置的逻辑树形图。

（3）分析事故的发生规律及特点，通过求取最小割集（或最小径集），找出控制事故的可行方案，并从故障树结构上分析各基本事件的重要程度。最小割集的求取方法有行列式法、布尔代数法等；最小径集可利用它与最小割集的对偶性求解。把原来故障树的与门和或门对换，各类事件发生换成不发生，进而求出成功树的最小割集，最后转化为故障树的最小径集。

（4）定量分析。根据各基本事件的故障率，分析顶上事件发生的可能性大小。按轻重缓急分别采取对策。

（三）层次分析法

美国运筹学家萨蒂于 20 世纪 70 年代初提出了著名的层次分析法（Analytic Hierarchy Process，AHP）。层次分析法是将与决策有关的元素分解成目标、准则、方案三个层次，在此基础之上进行定性和定量分析的决策方法。该方法将决策的过程数学化，具有系统、灵活、简洁的优点。

运用层次分析法建模来解决实际问题时，可按以下四个步骤进行。

（1）建立递阶层次结构模型。应用 AHP 分析决策问题时，首先要把问题条理化、层次化，构造出一个有层次的结构模型。这些层次可以分为三类：最高层（目标层）、中间层（准则层）和最底层（方案层）。递阶层次结构中的层次数与问题的复杂程度及需要分析的详尽程度有关，一般层次数不受限制。每一层次中各元素所支配的元素一般不超过 9 个。

（2）构造出各层次中的所有判断矩阵。准则层中的各准则在目标衡量中所占的比重并不一定相同，在决策者的心目中，它们各占有一定的比例。引用数字 1~9 及其倒数作为标度来定义判断矩阵 $A=(a_{ij})_{n\times n}$，见表 2 - 3。

表 2 - 3　　　　　　　　　　　　　判断矩阵标度定义

标度	含　　义
1	表示两个因素相比，具有相同重要性
3	表示两个因素相比，前者比后者稍重要
5	表示两个因素相比，前者比后者明显重要
7	表示两个因素相比，前者比后者强烈重要
9	表示两个因素相比，前者比后者极端重要
2，4，6，8	表示上述相邻判断的中间值
倒数	若因素 i 与因素 j 的重要性之比为 a_{ij}，那么因素 j 与因素 i 的重要性之比为 $a_{ji}=1/a_{ij}$

（3）层次单排序及一致性检验。判断矩阵一般是不具备完全一致性的，为了保证最终分析结果的合理性，需要对判断矩阵进行一致性检验。计算一致性指标 CI（consistency index）如式（2 - 1）。

$$CI = \frac{\lambda_{\max} - n}{n - 1} \qquad (2 - 1)$$

其中，$\lambda_{\max}$ 为判断矩阵的最大特征值。

计算一致性比例 CR（consistency ratio）如式（2 - 2）。

$$CR = \frac{CI}{RI} \qquad (2 - 2)$$

当 CR＜0.10 时，认为判断矩阵的一致性是可以接受的，否则应对判断矩阵做适当修正。

平均随机一致性指标见表 2 - 4。

表 2 - 4　　　　　　　　　　平均随机一致性指标

阶数	1	2	3	4	5	6	7	8
RI	0	0	0.52	0.89	1.12	1.26	1.36	1.41
阶数	9	10	11	12	13	14	15	
RI	1.46	1.49	1.52	1.54	1.56	1.58	1.59	

（4）层次总排序及一致性检验。最终要得到各元素，特别是最低层中各方案对目标的排序权重，从而进行方案选择。对层次总排序也需做一致性检验，计算各层要素对系统总目标的合成权重，并对各被选方案排序。

权重的计算方法主要有几何平均法、算术平均法、特征向量法和最小二乘法 4 种。

几何平均法计算步骤：①A 的元素按行相乘得一新向量；②将新向量的每个分量开 n 次方；③将所得向量归一化即为权重向量。计算公式如式（2 - 3）。

$$W_i = \frac{(\prod\limits_{j=1}^{n} a_{ij})^{\frac{1}{n}}}{\sum\limits_{i=1}^{n}(\prod\limits_{j=1}^{n} a_{ij})^{\frac{1}{n}}} \tag{2 - 3}$$

算术平均法计算步骤：①A 的元素按列归一化；②将归一化后的各列相加；③将相加后的向量除以 n 即得权重向量。计算公式如式（2 - 4）。

$$W_i = \frac{1}{n}\sum\limits_{j=1}^{n}\frac{a_{ij}}{\sum\limits_{k=1}^{n} a_{kj}} \tag{2 - 4}$$

特征向量法通过将权重向量 W 右乘权重比矩阵 A，最后将所得的权重向量作归一化处理即为所求，计算公式如式（2 - 5）。

$$AW = \lambda_{max} W \tag{2 - 5}$$

最小二乘法用拟合方法确定权重向量，使残差平方和为最小，计算公式如式（2 - 6）。

$$Z_{\min} = \sum_{i=1}^{n} \sum_{j=1}^{n} (a_{ij}w_j - w_i)^2$$

$$\sum_{i=1}^{n} w_i, w_i > 0, i = 1, 2, \cdots, n.$$

(2 - 6)

（四）模糊综合评价法

1965 年，美国加州大学的控制论教授 Zadeh 提出了模糊集的概念，建立了模糊集合理论。Zadeh 教授成功运用精确的数学方法描述了模糊概念，宣告了模糊数学的诞生。模糊综合评价就是以模糊数学为基础，应用模糊关系合成的原理，将一些边界不清、不易定量的因素定量化，从多个因素对被评价事物隶属等级状况进行综合性评价的一种方法。具体建模步骤如下：

（1）确定模糊综合评判因素集。因素集可由多层因素共同刻画，例如，设因素集为 $U = \{u_1, u_2, \cdots, u_m\}$，其中 u_i（$i=1, 2, \cdots, m$）为第一层次，它可由第二层次的 n 个因素决定，即 $u_i = \{u_{i1}, u_{i2}, \cdots, u_{in}\}$（$i=1, 2, \cdots, m$），同理，第二层次的因素也可由多个第三层次的因素确定。

（2）建立权重集。根据因素集中每个层次的各个因素的重要程度，分别赋予其相应的权重，这样便得到各个因素层次的权重集。

（3）建立综合评判的评价集。这是评判者对评判对象所做出的所有可能评判结果的集合，它其实代表的是对评判对象变化区间的一个划分。常表示为 $V = \{v_1, v_2, \cdots, v_m\}$。

（4）单因素模糊评判。所谓单因素模糊评判就是单独从因素集中的各个因素 u_i（$i=1, 2, \cdots, m$）出发进行评判，以确定评判对象对备择集元素 v_j（$j=1, 2, \cdots, n$）的隶属度 r_{ij}。这样就得出第 i 个因素 u_i 的单因素评判集 $r_i = (r_{i1}, r_{i2}, \cdots, r_{in})$。最终得出总的评判矩阵

$$R = (r_{ij})_{m \times n} = \begin{bmatrix} r_{11} & r_{12} & \cdots & r_{1n} \\ r_{21} & r_{22} & \cdots & r_{2n} \\ \vdots & \vdots & \ddots & \vdots \\ r_{m1} & r_{m2} & \cdots & r_{mn} \end{bmatrix}$$

(2 - 7)

（5）模糊综合评判。第（4）步反映的只是某个单一因素对评判对象的影响，即评判对象根据不同的单因素而表现出来的对各等级模糊子集的隶属程度。第（5）步中需要用模糊权向量 W 将 R 中不同的行进行综合，就可以得到评判对象从总体上来看对各等级模糊子集的隶属程度，即模糊综合评判结果向量。现引入 V 上的一个模糊子集 B，称为模糊综合评判集或模糊综合评判向量，即 $B=$（b_1，b_2，…，b_n）。

$$B = \begin{bmatrix} w_1, w_2, \cdots, w_m \end{bmatrix} \begin{bmatrix} r_{11} & r_{12} & \cdots & r_{1n} \\ r_{21} & r_{22} & \cdots & r_{2n} \\ \vdots & \vdots & \ddots & \vdots \\ r_{m1} & r_{m2} & \cdots & r_{mn} \end{bmatrix} = (b_1, b_2, \cdots, b_n) \qquad (2-8)$$

b_j（$j=1$，2，…，n）表示被评价对象具有评语 v_j 的程度，称为模糊综合评判指标。

（6）评判指标的处理。评判指标是对每个评判对象综合状况分等级的程度描述，并不能直接被用来对评判对象进行排序，还必须进一步的分析处理之后才能应用。处理的方法有普通矩阵乘法（加权平均法）、最大隶属度法则及模糊分布法等。

（五）LEC 因素分析法

LEC 因素分析评价法由美国安全专家格雷厄姆和金尼提出，用于评价操作人员在具有潜在危险性环境中作业时的危险性。该方法以与系统风险有关的三种因素指标值之积来评价系统风险的大小，并将所得作业条件危险性数值与规定的作业条件危险性等级相比较，从而确定作业条件的危险程度。该三种因素分别是 L（likelihood，事故发生的可能性）、E（exposure，人员暴露于危险环境中的频繁程度）和 C（consequence，一旦发生事故可能造成的后果）。给三种因素的不同等级分别确定不同的分值，再以三个分值的乘积 D（danger，危险性）来评价作业条件危险性的大小。

LEC 因素分析法是一种半定量评价方法，具有简单易行、操作性强、危险程度的级别划分比较清楚等优点。但由于它主要是根据经验来确定 3 个因素的分数值及划定危险程度等级的，因此具有一定的局限性。

第四节　电力营销风险评价模型

一、风险评价模型框架

电力营销业务共有八大类，不同业务各有特点，建立统一的风险评价模型需要考虑不同业务的特点，采取合适的方法。下面从理论方法评析、建模思路和模型主框架等几个方面介绍风险评价模型的构思。

（一）理论方法评析

电力营销风险评价方法按性质分可分为定性、定量和两者相结合三种，不同方法各有特点。

（1）采用定性的分析方法如德尔斐法可以对风险进行全面、深入的评判，但分析过程依赖于专家团队，主观性强，且评价过程中往往只关注风险后果而忽略风险发生的概率。

（2）采用定量分析的方法如故障树分析法能根据风险因素逻辑关系形成定量计算，使评价过程客观明了，但在量化过程中可能会产出偏差。

（3）定性定量分析相结合的层次分析法以及模糊综合评价等方法结合了两种评价方法的优点，可以充分考虑各个因素的影响，建立的评价模型更准确可靠，但也增加了建模的难度。基于人工智能的方法将专家的决策过程逻辑通过人工智能算法实现，但建模过程复杂且需要大量的数据。

本书采用定性评价和定量评价相结合的方式，考虑到模型的准确性以及实用性，结合多种风险评价理论方法建立电力营销风险评价模型，下面介绍建模的思路。

（二）模型主框架

电力风险评价模型主框架采用由美国安全专家格雷厄姆和金尼提出的 LEC 因素分析法。因素分析法通过风险发生概率大小、事故发生后果严重程度和人体暴露在这种危险环境中的频繁程度三个变量的乘积来评价风险。结合电力营销业务的特点，只考虑风险造成后果和风险发生概率两个因素。具体计算公式如式（2-9）：

$$R = CP \tag{2-9}$$

式中：C 为风险事件发生后造成的后果（Consequence）；P 为风险发生的概率（Probability）；R 为风险值（Risk），风险值越大，风险等级越高。

（三）建模思路

采用单一的理论方法建立模型会使模型缺乏精度，建模的效果往往不理想。因此，电力营销风险评价模型主要采取与模型主框架相对应的多种理论方法相结合的建模思路。建模过程主要有三个关键点：一是构建风险后果的数理模型，对风险后果严重程度进行评定；二是构建风险发生概率的数理模型，对风险发生概率大小进行评定；三是建立合理的评分体系，通过评分得出最后的风险评价结果。

由第一小节分析可知，不同的理论方法各有特点，在构建数理模型时，要选用合适的方法使模型评价结果准确合理。对于风险后果而言，评价风险后果的因素越多，模型准确性越高，因此模型中一般会涉及定量的评价因素和定性的评价因素，应该采用定性和定量相结合的评价方法。对于风险发生概率而言，电力营销业务具有专业多、业务量大的特点，数据量大，数据全面，可用以定量分析为主的方法构建数理模型。对于评分体系而言，主要涉及分值的设定与不同评价等级门槛阈值的设定，主要采用定量的方法建立模型。

结合电力营销风险评价以及现有评价方法的优缺点，为使建立的模型合理准确，本书采用层次分析与模糊综合评价相结合的方法构建风险后果评价数理模型，采用基于样本特点的函数拟合算法构建风险发生概率评价数理模型，最后通过函数赋值的方式得到评分体系。风险评价模型的具体建模思路如图 2-4 所示。

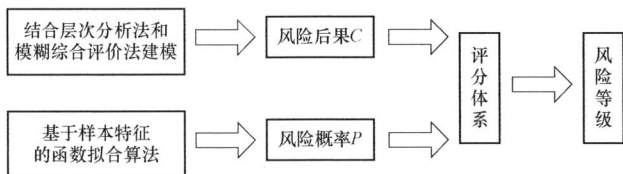

图 2-4 风险评价建模思路

二、风险后果数理模型构建

（一）建模原则

风险后果是风险源引发并造成损失的结果。本书主要运用层次分析法和模糊综合评价法建立风险后果评价模型。

建模主要原则是根据层次分析法的基本原理，逐级递进进行评价，同时结合模糊综合评价法将专家评价结果进行量化处理。具体评价层次划分如下。

（1）将风险后果作为目标层。

（2）营销事故后果、营销事故指定差错行为、廉洁风险和违纪违法风险作为中间层。

（3）经济损失、差错电量、差错金额、不良影响和安全风险作为最底层，构建出系统的递阶层次分析结构。

结合评价要素的实际情况，中间层中的营销事故后果对最底层的元素起支配作用，目标层对中间层中的所有元素起支配作用。采用模糊综合评价法对最底层元素进行评价，再根据层次分析的原理即可逐级得到目标层风险后果的最终评价。

（二）建模步骤

本书建立的模型吸取了层次分析法和模糊综合评价法的优点，同时又根据实际情况加以改进，建模的步骤如下：

（1）构建风险后果评估因素集 $C=\{c_1, c_2, c_3, c_4\}$，其中，各个指标的具体意义如下：c_1 为营销事故后果；c_2 为是否涉及营销事故指定差错行为；c_3 为是否存在廉洁风险；c_4 为是否违纪违法。其中，后三个指标的评判标准为是或否，因此无须再细分子评估因素集，而第一个指标则可以再细分为五个子评估因素集，即 $c_1=\{c_{11}, c_{12}, c_{13}, c_{14}, c_{15}\}$。各个指标的具体意义如下：$c_{11}$ 为经济损失，c_{12} 为差错电量、c_{13} 为差错金额、c_{14} 为不良影响、c_{15} 为安全风险。其中，营销事故后果 c_1 的量化评价结果作为风险后果评价的主要评价因素，营销事故指定差错行为 c_2、廉洁风险 c_3、违法违纪风险 c_4 作为量化评价的补充。

（2）营销事故后果主要分为五个因素进行定量或定性的评价，需要建立 $c_{11} \sim c_{15}$ 五个评价因素的权重集。权重的求解方法采用"1～9"标度法，先通过专家判断法对评估指标体系中各项指标给出相对标度，从而得到指标判断矩阵。再通过均方根计算出各指标的权重，具体步骤为先将判断矩阵中每一行元素按行相乘得一新向量，再将新向量的每个分量开 n 次方，最后将所得向量归一化即为权重向量。计算公式如式（2-10）。

$$
\begin{aligned}
W_i &= \frac{(a_{i1} \cdot a_{i2} \cdot a_{i3} \cdot \cdots \cdot a_{in})^{\frac{1}{n}}}{(a_{11} \cdot a_{12} \cdot \cdots \cdot a_{in})^{\frac{1}{n}} + (a_{21} \cdot a_{22} \cdot \cdots \cdot a_{in})^{\frac{1}{n}} + \cdots + (a_{n1} \cdot a_{n2} \cdot \cdots \cdot a_{in})^{\frac{1}{n}}} \\
&= \frac{(a_{i1} \cdot a_{i2} \cdot a_{i3} \cdot \cdots \cdot a_{in})^{\frac{1}{n}}}{\sum_{i=1}^{n} (a_{i1} \cdot a_{i2} \cdot a_{i3} \cdot \cdots \cdot a_{in})^{\frac{1}{n}}} \\
&= \frac{(\prod_{j=1}^{n} a_{ij})^{\frac{1}{n}}}{\sum_{i=1}^{n} (\prod_{j=1}^{n} a_{ij})^{\frac{1}{n}}}
\end{aligned} \tag{2-10}
$$

最后计算判断矩阵的最大特征根 λ_{max}。

（3）建立风险后果评价的评价集。根据风险后果的严重程度，可将其划分为1非常轻微、2轻微、3中等、4严重和5非常严重五个层次。所得风险后果评价集即为 $V=\{$非常轻微，轻微，中等，严重，非常严重$\}$。具体的风险造成后果评价表见表 2-5。

表 2-5　　　　　　　　　　　　风险造成后果评价表

风险造成后果严重程度（C）		1 非常轻微	2 轻微	3 中等	4 严重	5 非常严重
营销事故后果（c_1）	经济损失 c_{11}（万元）	—	小于或等于 1	1～50	50～500	大于或等于 500
	差错电量 c_{12}（万）	—	小于或等于 20	20～200	200～2000	大于或等于 2000
	差错金额 c_{13}（万元）	—	小于或等于 10	10～100	100～1000	大于或等于 1000
	不良影响 c_{14}	出现过失，但未产生影响的	在地市及以下范围内产生不良影响的	在地市范围内产生较大不良影响的	在全省范围内产生重大不良影响的	在全国或南网范围内造成恶劣影响的
	安全 c_{15}	出现过失，但未产生影响的	轻微影响一名员工或公民健康	轻微影响多名员工或公民健康	严重影响一名员工或公民健康	严重影响多名员工或公民健康
营销事故指定差错行为（c_2）		否	否	是	是	是
涉及廉洁风险（c_3）		不涉及	不涉及	涉及	涉及	涉及
存在明显违纪或法律风险，涉及严重后果（c_4）		否	否	否	是	是

（4）根据最底层元素 c_{11}～c_{15} 对中间层的营销事故后果进行评判，评判标准如表 2-5 所示。对于指标体系中的定性指标的评价集可以直接通过专家判断来获得，而对于定量指标来说，则要考虑到其实际值与标准值的偏离情况，偏离有正偏离和负偏离，我们看待偏离要结合具体指标来看。这是由于指标有正指标和负指标之分，正指标是指其值越大越好的指标，负

指标则是指其值越小越好的指标。得到定量指标实际值与标准值的偏离情况后，再让所有专家结合实际对定量评价的因素进行具体评判。

（5）根据步骤（4）中的评价结果，把因素到评价集看成一个模糊映射，可以确定模糊评估矩阵 R_{1j}。具体算法为先统计出某评估指标被做出评价集中第 h 种评估 V_h 的专家人数，然后除以参加评估的总专家人数。再通过模糊矩阵的合成运算得出 u_{1j} 的综合评价向量 B_{1j}。

$$B_{1j} = W_{1j}R_{1j} = (b_{1j1}, b_{1j2}, b_{1j3}, b_{1j4}, b_{1j5},) \qquad (2-11)$$

其中 $W_{1j} = (w_{1j1}, w_{1j2}, w_{1j3}, w_{1j4}, w_{1j5})$ 表示指标体系中因素层内指标相对于其所属次准则层中元素的权重向量。对最终评判结果归一化处理后，按最大隶属度的原则即可确定营销事故后果的评价结果。

（6）根据中间层的元素对目标层进行评判，得到最后的风险后果严重程度评价结果。在评价过程中，以营销事故后果 c_1 为主要评判因素，评价结果由步骤（1）～（5）的模型可以得到，其他几个因素作为量化评价的补充。c_2～c_4 单个因素的评价结果以最靠近 c_1 的结果为准，例如，一个问题的营销事故后果 c_1 评价为一般，即 $c_1 = 3$，c_2 评价为否，则取 $c_2 = 2$；c_3 评价为未涉及，则取 $c_3 = 3$；c_4 评价为是，则取 $c_4 = 4$。按此方法可以将定性分析的量转变成定量分析。风险造成后果 C 定量计算采用求均值四舍五入的算法，公式如下：

$$C = \text{Max}\{c_1, c_2, c_3, c_4\} \qquad (2-12)$$

（7）根据步骤（1）～（6）得到风险造成后果严重程度的评价后，按照评分体系赋予相应的分值，分值的选取将在后面具体阐述。

三、风险发生概率数理模型构建

（一）建模原则

风险发生概率是指风险发生的可能性，可根据历史数据进行评估。常见的做法是根据风险发生的频率评价风险发生的可能性，电网设备风险评估和作业风险评估均采用此方式，通过一段时间内事件发生的次数来评价风险发生的可能性。电力营销具有业务量大、数据多的特点，根据风险发生频率建立的评价模型会使评价结果产生偏差。结合电力营销业务的特点，本书引进抽样和概率的概念，从新的角度去衡量风险发生的可能性，通过建立营销风险历史数据库，为模型提供数据支撑，并检验模型的可行性。

（二）电力营销风险发生概率设置

数量足够多的样本可以反映总体量的特性，由于电力营销业务数据量大，可通过抽样的方式计算风险发生的概率，既能保证模型精确性，又可以减少工作量。根据概率的定义，事件 A 发生的概率可用式（2-13）进行计算。

$$P(A) = \frac{\text{包含 } A \text{ 的样本数}}{\text{抽查样本总数}} \tag{2-13}$$

风险发生概率的大小可分为非常偶然、偶然、中等、频繁和非常频繁五个层次，通过历史数据建立模型即可对风险发生概率区间进行评定，评价模型见表 2-6。

表 2-6　　　　　　　　　　　风险发生概率评价模型

层次	风险发生概率	发生概率的区间
1	非常偶然	$[0,P_1)$
2	偶然	$[P_1,P_2)$
3	中等	$[P_2,P_3)$
4	频繁	$[P_3,P_4)$
5	非常频繁	$[P_4,1]$

$P_1 \sim P_4$ 阈值的划分采用函数拟合方式，具体可分为线性或非线性两种方式。线性划分也称均等划分方式，根据所要划分层次均等划分概率大小区间，这种方式可以简化计算，但模型精确度低，往往不能得到理想的评价结果。非线性划分通过非线性函数去拟合概率大小区间，非线性函数包括指数函数、对数函数、幂函数等，不同函数曲线各有特点。理论上建立模型的过程应是建模—评价—修正的过程，选取函数和参数建立模型，通过大量数据对模型进行分析，最后根据评价结果修正模型，如评价结果为

建立的模型不合理，需重新选取函数进行建模。非线性划分的方式可以建立精确的模型，但存在函数多样、参数复杂等缺点，且工作量较大。

（三）建模步骤

本书结合两种划分方式的优缺点，提出一种基于样本特征的函数拟合算法，以历史数据为基础建立模型。建模步骤如下：

（1）抽样计算概率。从历史数据库中抽查不同年份的数据，根据抽查的业务量和发现问题的数量计算问题发生的概率。

（2）线性划分概率大小。采用线性函数对概率区间进行均等划分，并对问题发生概率大小进行评定。

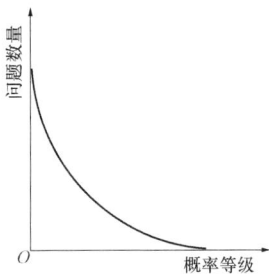

图 2-5　"某年营销领域营销差错类别明细"样本特征

（3）提取样本特征。根据第二步的结果提取样本的特征，得到不同概率等级的问题个数。以"某年营销领域营销差错类别明细"中业扩报装数据为例，业扩报装共发现问题 61 类，随着概率等级的增大，该类等级的问题数量逐渐减少，样本特征如图 2-5 所示。

（4）根据样本特征建立理想目标曲线，修正模型。采取的算法如图 2-6 所示。

（5）根据修正结果进行非线性函数拟合，得到 $P_1 \sim P_4$ 的划分方式。

（6）将最终的结果整理成标准描述形式。最终得到的风险发生概率评价模型见表 2-7 所示。

表 2-7　风险发生概率评价模型标准形式

层次	风险发生概率	发生概率区间	分值
1	非常偶然	K_1次/每 J 起抽查业务	M_1
2	偶然	$(K_1+1) \sim K_2$次/每 J 起抽查业务	M_2
3	中等	$(K_2+1) \sim K_3$次/每 J 起抽查业务	M_3
4	频繁	$(K_3+1) \sim K_4$次/每 J 起抽查业务	M_4
5	非常频繁	大于 K_4次/每 J 起抽查业务	M_5

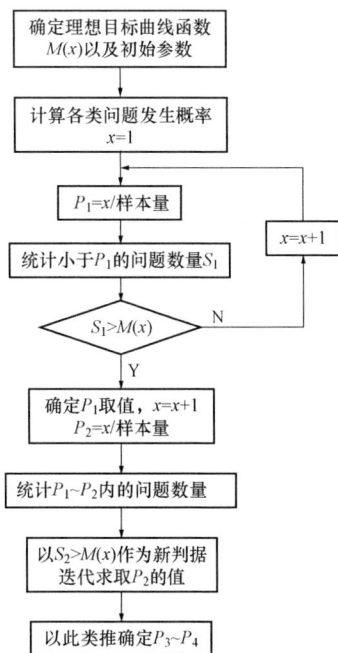

图 2-6　模型修正算法框图

表 2-7 中结合电力营销业务的特点，提出风险发生概率区间标准化格式的方法。在传统评价方法中，风险发生概率一般采用发生问题频率进行评定，由于电力营销业务量大的特点，需要采用抽样的方式来评价风险发生的概率。采用传统做法时，抽样数量的不一致会带来评价的偏差，例如A 专业问题抽样检查的数量越多，发现问题数量越多，采用传统评价方法会使评价结果偏高。为了契合电力营销业务的特点并提高模型的准确度，本书提出抽查业务量基准值 J 的概念，将概率区间转化为统一的标准格式，不同专业可建立统一的评价标准。

其中，抽查业务量基准值 J 的数量级大小可根据计算得到的概率区间进行恰当选取。$M_1 \sim M_5$ 为评价的分值，分值的选取会在下一节中具体讨论。这里给出一种选取基准值 J 的方法。设 $P_1 \sim P_4$ 为由概率模型得到的概率划分阈值；$K_1 \sim K_4$ 为正整数，利用式（2-14）求取基准值 J。

$$J = \frac{K_1}{P_1}(K_1 = 1,2,\cdots,n) \qquad (2-14)$$

式中，K_1 取适当的正整数，直到得到符合条件的 J 值。J 的数量级根据业务量多少选取。确定基准值 J 后，根据式（2-15）求取 $K_2 \sim K_4$ 的值。

$$K_i = [P_i \cdot J] (i = 2,3,4) \qquad (2-15)$$

其中符号 $[x]$ 表示对 x 取整，即取 x 整数部分，省略 x 小数部分。

本模型通过抽查业务计算问题发生的概率，能很好地适应电力营销业务的特点；利用多年的历史数据建立风险发生的概率模型，为模型提供了数据支撑，使模型更加准确；提出一种基于样本特征的函数拟合算法，通过样本特征寻找合适的非线性划分函数，便于编程实现，减少了工作量；最后统一标准格式，八大专业可建立统一的标准。

四、评分体系模型构建

（一）建模思路

根据前两小节可知，风险造成后果严重程度可分为 1 非常轻微、2 轻微、3 中等、4 严重和 5 非常严重五个层次，风险发生概率大小也可分为 1 非常偶然、2 偶然、3 中等、4 频繁和 5 非常频繁五个层次。通过对风险后果和风险发生概率赋值，根据公式 $R=CP$ 即可算得风险分值，根据风险分值可评定风险等级。

评分体系主要由三个部分组成，一是风险造成后果五个层次的分值设置；二是风险发生概率大小五个层次的分值设置；三是风险等级五个级别的风险值区间的设置。三个部分的分值设置都会影响到最后的评价结果，因此可以认为评分体系建模是一个多因素建模过程，主要采取函数拟合的分值设定方式，通过函数拟合设定分值—模型分析—修正参数的思路建立合理的评分体系。

（二）评分体系应具备的特点

电网设备安全评估和作业安全评估中的风险评价工作已实施多年，其风险评价模型成熟度较高，建立的评分体系的特点可供参考。其评分体系见表2-8、表2-9。

表2-8　　电网设备安全评估和作业安全评估中的风险等级划分方式

等级	风险级别	风险值
1	极低	风险值（R）<20
2	低	20≤风险值（R）<70
3	中等	70≤风险值（R）<200
4	高	200≤风险值（R）<400
5	极高	400≤风险值（R）

表2-9　电网设备安全评估和作业安全评估中的风险后果和风险发生概率评分标准

C / P	非常轻微（1）	轻微（10）	中等（30）	频繁（50）	非常频繁（100）
非常偶然（0.1）	1	1	1	1	1
偶然（1）	1	1	2	2	3
中等（3）	1	2	3	3	4
频繁（5）	1	2	3	4	5
非常频繁（10）	1	3	4	5	5

表2-8为电网设备安全评估和作业安全评估中的风险等级划分方式，根据风险值划分不同的风险等级。表2-9为风险后果严重程度 C 和风险发生概率大小 P 五个层次对应的分值，表格中的数字代表相应的风险等级。

电网设备安全评估和作业安全评估中的评分体系可作为评分方式的参考。其特点如下。

（1）表2-8中风险值的阈值选取以及表2-7中的分值设定均具有等级低时分值小，随着等级的增大，分值迅速上升的趋势，即成单调递增趋势。这是因为在评价风险等级时，由于风险等级低的事件影响小，因此风险值门槛值应该设置得低一些，随着风险等级的增大，高风险事件要引起人们的重视，因此风险值随着风险等级的升高而迅速增大。

（2）从评价结果来看，风险等级低的组合数量要比风险等级高的组合数量多，随着风险等级的升高，风险后果和风险发生概率组合数量逐渐减少。

上述评分体系的特点如图 2-7 所示。

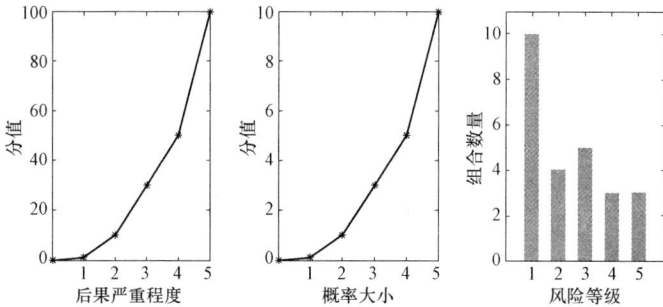

图 2-7　评分模型特点

上述评分体系特点与电力营销风险评价体系契合，具有一定的借鉴意义。本书吸取上述评分体系的优点，采用 5×5 矩阵的方法，将风险后果、风险发生概率以及风险等级各划分为五个层次。分值设定参考上述评分体系，风险后果分值满分为 100 分，风险发生概率分值满分为 10 分。电网设备安全评估和作业安全评估中的评分体系具体各分值的设定缺乏理论依据，主要是凭经验获得的，其评分模型精确度低。为提高模型的精度，针对上述的缺点，本书采用函数赋值的方式，先讨论分析不同赋值函数的特点，最后选取合适的函数进行赋值拟合，得到评分体系。

（三）不同评分赋值方式的特点

本书借鉴已有的评分体系模型，取其精华去其糟粕，通过函数赋值的方式提高模型的准确性。下面具体讨论不同评分赋值方式的特点。

（1）风险后果和风险发生概率均采用线性函数赋值。线性函数即一次函数，评分赋值见式（2-16）。

$$\begin{cases} C = 20x_1 \\ P = 2x_2 \quad (x_1 、x_2 = 1,2,3,4,5) \end{cases} \tag{2-16}$$

评价结果见表 2-10。

表 2 - 10　　　　　　　　　　风险等级评价结果一

C\P	非常轻微（20）	偶然（40）	中等（60）	严重（80）	非常严重（100）
非常偶然（2）	2	3	3	3	4
偶然（4）	3	3	4	4	5
中等（6）	3	4	4	5	5
频繁（8）	3	4	5	5	5
非常频繁（10）	4	5	5	5	5

此评分模型特点如图 2 - 8 所示。

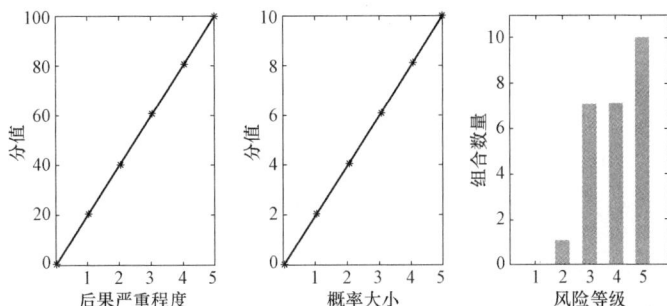

图 2 - 8　评分模型特点

由图 2 - 8 可以看出，风险后果分值随着后果严重程度的增大而均匀上升，风险发生概率分值随着概率的增大而均匀上升，最后得到的风险等级评价普遍偏高。由表 2 - 10 可以看出，在风险矩阵中，风险等级高的组合数量要远多于风险等级低的组合数量。由此可得，风险后果和风险发生概率采用线性函数赋值时，分值是均匀分布的，最后得到的评价结果受风险值划分阈值的影响大，建立的评分体系模型准确性偏低。

（2）风险后果和风险发生概率均采取非线性函数赋值。非线性函数包括指数函数、对数函数、幂函数等，不同函数曲线各有特点。由上述讨论分析可知，风险后果和风险发生概率分值的设置应随着后果严重程度或概率大小的增大而呈单调递增的趋势。以二次函数为例进行分值设置，评分赋值公式如式（2-17）。

$$\begin{cases} C = 4x_1^2 \\ P = 0.4x_2^2 \quad (x_1、x_2 = 1,2,3,4,5) \end{cases} \tag{2-17}$$

评价结果见表2-11。

表2-11   风险等级评价结果二

C ＼ P	非常轻微（4）	轻微（16）	中等（36）	严重（64）	非常严重（100）
非常偶然（0.4）	1	1	1	2	2
偶然（1.6）	1	2	2	3	3
中等（3.6）	1	2	3	4	4
频繁（6.4）	2	3	4	5	5
非常频繁（10）	2	3	4	5	5

此评分模型特点如图2-9所示。

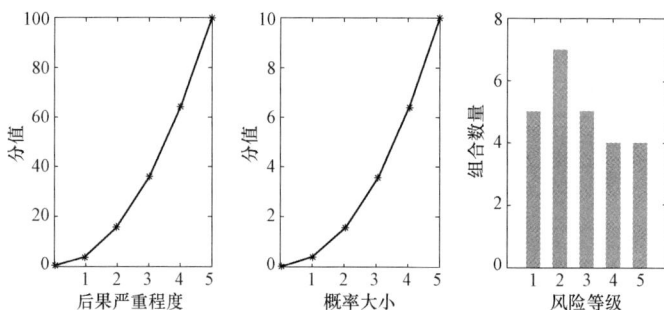

图2-9 评分模型特点

由图2-9可以看出，风险后果分值随着后果严重程度而递增，风险发生概率分值随着概率的增大而递增，最后得到的风险等级评价结果较为匀称。由表11可以看出，在风险矩阵中，风险等级高的组合数量和风险等级低的组合数量大体一致。理论上，采用非线性函数拟合的方式，可以得到任意理想的评分体系，关键在于评分体系中函数的复杂程度和参数的设置。

（3）风险后果采取线性函数赋值，风险发生概率采取非线性函数赋值。采用线性和非线性函数拟合的方式建立评分体系，评分赋值公式如式（2-18）。

$$\begin{cases} C = 20x_1 \\ P = 0.4x_2^2 \quad (x_1、x_2 = 1,2,3,4,5) \end{cases} \tag{2-18}$$

评价结果见表 2-12。

表 2-12　　　　　　　　　　　风险等级评价结果三

P＼C	非常轻微（20）	轻微（40）	中等（60）	严重（80）	非常严重（100）
非常偶然（0.4）	1	1	2	2	2
偶然（1.6）	2	2	3	3	3
中等（3.6）	3	3	4	4	4
频繁（6.4）	3	4	4	5	5
非常频繁（10）	4	5	5	5	5

此评分模型特点如图 2-10 所示。

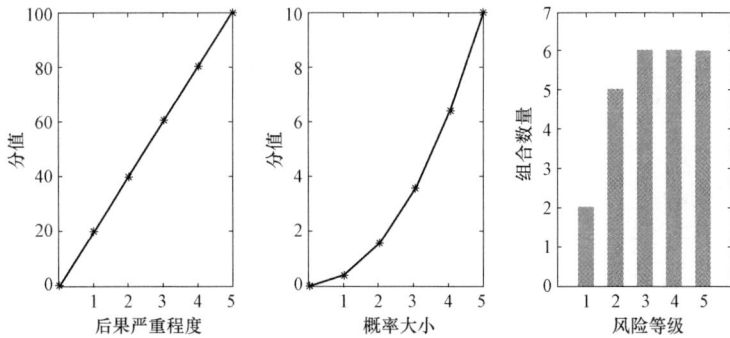

图 2-10　评分模型特点

由图 2-10 可以看出，风险后果分值随着后果严重程度的增大而均匀上升，风险发生概率分值随着概率的增大而递增。由表 12 可以看出，在风险矩阵中，风险发生概率较小时，风险等级较低，风险发生概率较大时，风险等级较高，风险等级的评价结果主要受风险发生概率影响。由此可得，此评分方式对采用非线性函数的一方有所侧重。

综上所述，线性函数计算简单，可以简化模型，而非线性函数可提高模型的精确性，但函数多样，参数求取更复杂。两种方法可根据实际情况具体使用。电力营销风险评价体系的分值设定主要由三个部分组成，其评分赋值的方式不是唯一的。参考电网设备安全评估和作业安全评估中的风险等级划分方式，分值均具备单调递增的特点，兼顾适用性和准确性，本书通过二次函数赋值得到评分标准。原因为二次函数曲线特点与分析结果相符，且二次函数较为简单，参数求解容易。

（四）评分体系建模

结合上两小节分析的结果，采用二次函数建立的风险后果模型和风险发生概率模型，最终得到的评分体系见表 2-13、表 2-14。

表 2-13　　　　　　　　　电力营销风险后果评价分值表

风险造成后果严重程度（C）	I（非常轻微）	II（轻微）	III（中等）	IV（严重）	V（非常严重）
	4	16	36	64	100
营销事故后果（c_1） 经济损失 c_{11}（万元）	—	小于或等于 1	1～50	50～500	大于或等于 500
差错电量 c_{12}（万）	—	小于或等于 20	20～200	200～2000	大于或等于 2000
差错金额 c_{13}（万元）	—	小于或等于 10	10～100	100～1000	大于或等于 1000
不良影响 c_{14}	出现过失，但未产生影响的	在地市及以下范围内产生不良影响的	在地市范围内产生较大不良影响的	在全省范围内产生重大不良影响的	在全国或南网范围内造成恶劣影响的
安全 c_{15}	出现过失，但未产生影响的	轻微影响一名员工或公民健康	轻微影响多名员工或公民健康	严重影响一名员工或公民健康	严重影响多名员工或公民健康

续表

风险造成后果严重程度（C）	I（非常轻微）	II（轻微）	III（中等）	IV（严重）	V（非常严重）
	4	16	36	64	100
营销事故指定差错行为（c_2）	否	否	是	是	是
涉及廉洁风险（c_3）	不涉及	不涉及	涉及	涉及	涉及
存在明显违纪或法律风险，涉及严重后果（c_4）	否	否	否	是	是

表 2-14　　　　　　　　　电力营销风险发生概率评价分值表

等级	风险发生概率	发生概率区间	分值
1	非常偶然	K_1次/每 J 起抽查业务	0.4
2	偶然	$(K_1+1) \sim K_2$次/每 J 起抽查业务	1.6
3	中等	$(K_2+1) \sim K_3$次/每 J 起抽查业务	3.6
4	频繁	$(K_3+1) \sim K_4$次/每 J 起抽查业务	6.4
5	非常频繁	大于 K_4次/每 J 起抽查业务	10

（1）电力营销风险后果严重程度分值设置见表 2-13。

（2）电力营销风险发生概率大小分值设置见表 2-14。

（3）电力营销风险等级划分方式见表 2-15。

表 2-15　　　　　　　　　电力营销风险等级划分表

等级	风险级别	风险值
★	极低	风险值（R）<20
★★	低	20≤风险值（R）<40
★★★	中等	40≤风险值（R）<80
★★★★	高	80≤风险值（R）<200
★★★★★	极高	200≤风险值（R）

（4）电力营销风险评分体系模型特点如图 2-11 所示。

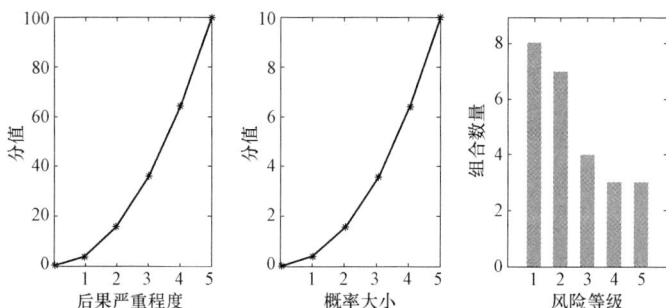

图 2-11 评分模型特点

风险发生后果 C 和风险发生概率 P 的评分组合见表 2-16，其中表格第一行为风险后果严重程度的五个层次和相应的分值，第一列为风险发生概率大小的五个层次和相应的分值，表格中的数字表示风险等级。

表 2-16　　　　　　　　风险等级评价表

C＼P	非常轻微（4）	轻微（16）	中等（36）	严重（64）	非常严重（100）
非常偶然（0.4）	1	1	1	1	2
偶然（1.6）	1	1	2	2	3
中等（3.6）	1	2	2	3	4
频繁（6.4）	1	2	3	4	5
非常频繁（10）	2	3	4	5	5

由图 2-11 可以看出，风险后果的分值随着后果严重程度的增加而增大，风险发生概率的分值随着发生概率的增大而增大，风险等级组合数量随着风险等级的增大而减小，所建立的风险评分体系模型满足要求。

通过建立电力营销风险评价模型对营销风险开展风险评估，其结果详见附录《供电企业营销业务稽查风险库》。各专业风险等级见表 2-17。

表 2-17   营销业务各专业风险等级

风险等级 专业	★	★★	★★★	★★★★	★★★★★	小计
业扩报装	15	35	29	11	3	93
电能计量	37	20	25	15	7	104
电费抄核收	60	21	17	5	2	105
客户服务	75	18	10	8	3	114
用电检查	19	17	34	18	6	94
管理线损	28	7	17	4	4	60
停电管理	14	8	11	15	2	50
营销项目管理	17	11	7	0	0	35
总计	269	135	143	82	26	655

本章全面介绍了通用的电力营销风险评估相关要求，系统阐述了电力营销业务精益化风险管理流程，然后对比性地介绍了风险评价的常用方法与风险评价的相关理论，最后结合风险后果、风险发生概率构建了电力营销风险评价模型，并建立了评分体系。为后文对各类风险进行侧重点不同的风险管控奠定了基础。

第三章

电力营销主要风险管控措施

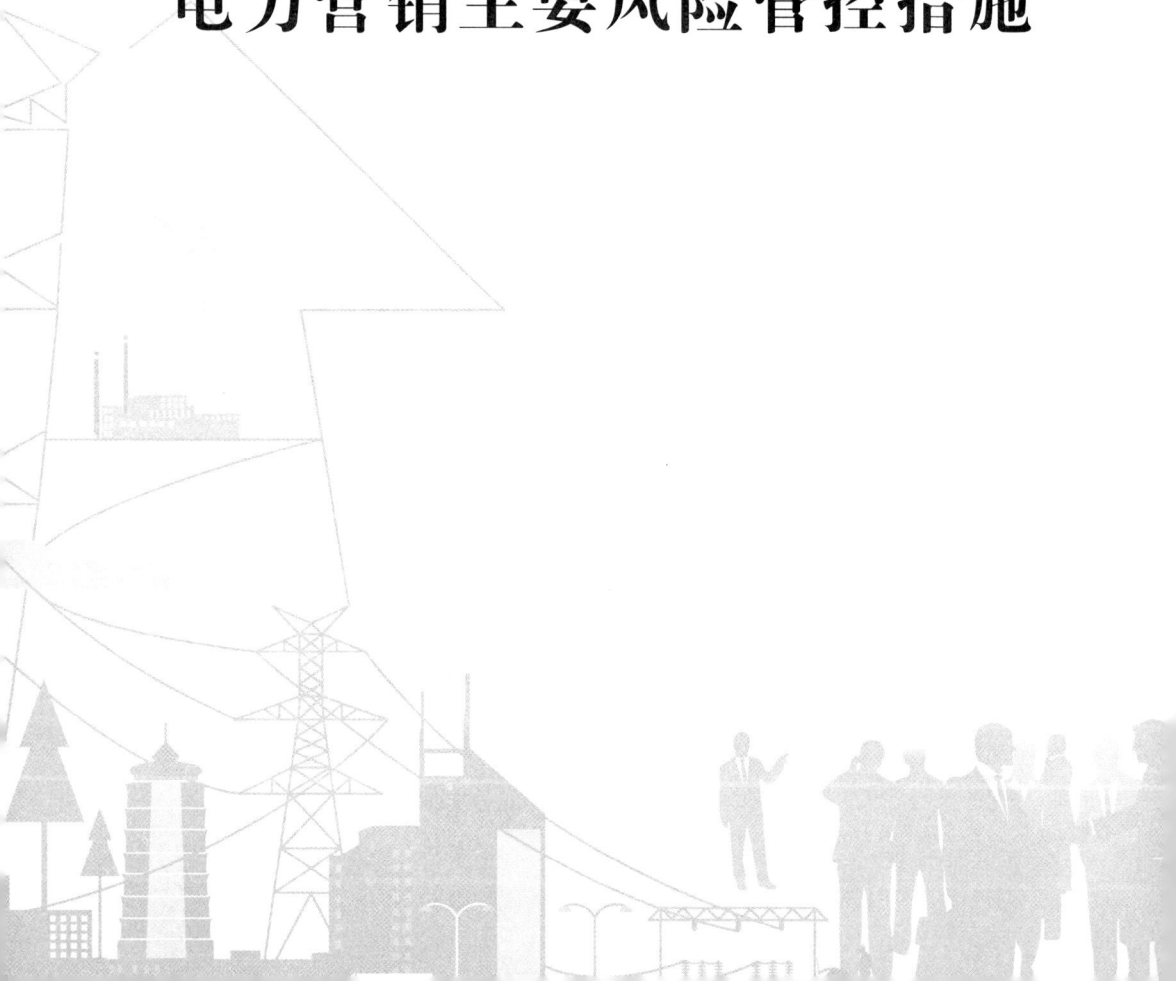

为了使企业实现精益化管理，减少不确定损失，需要在有效风险评估的基础上，对风险采取控制措施予以应对。合理的风险防控活动，能保证企业风险管理工作实施，能建立企业风险管理核心竞争力，确保企业对影响各种既定目标实现的不确定因素进行科学管理，合理应对。

为全面准确评价营销风险状况，加强风险预控管理，通过对营销业务多发问题、重复发现问题、风险等级高问题等进行专项分析，并通过制定有效合理的控制措施，进一步提升营销业务规范化管理水平，达到营销风险持续有效控制的目的。本章主要对电力营销八个专业主要风险进行梳理，对多发、风险等级较高的风险制定对应控制措施，为降低电力营销业务风险提出更为有效的控制手段。

第一节 业扩报装风险管控措施

一、业扩报装业务整体风险概述

业扩报装业务共存在 93 个风险点，风险等级为三级及以下的风险点共79 个，四级及以上风险点共 14 个；在八大专业中有数量最多的二、三级风险，分别为 35 个和 29 个。

其中，业务受理、现场勘查及供电方案、业扩费用、合同签订、归档审核及档案管理这五个环节是业务关键风险点存在环节，以下将对这些环节进行重点剖析并制定具体的管控措施。

二、业扩报装业务关键风险点分析与管控措施

（一）业务受理

（1）风险点描述：业扩报装资料缺失、登记不全或关键项信息错误、缺失。身份证明、产权证明、工程项目批文等报装资料不完整或与用电申请主体不一致；报装用户无用电地址物业权属且未取得产权人同意，造成

用电纠纷，产生电费回收、安全和法律风险。

风险后果：受理资料不规范，如造成用电纠纷将产生电费回收、安全和法律风险。报装用户无用电地址物业权属且未取得产权人同意，造成用电纠纷，产生电费回收和法律风险。

管控措施：按照业扩管理要求，规范用电业务的申请受理及资料审核工作，定期对业务表单、档案进行抽查，定期维护营销系统相关资料，确保系统内容的完整。

（2）风险点描述：用户受电工程委托存在监管机构所明确的20种"三指定"行为。

风险后果：业务人员涉及"吃里扒外"，业务办理存在体外循环行为，损害企业利益，导致法律风险。

管控措施：向社会公布业扩的办理程序、服务标准、收费标准及依据，公布具备资质的设计、施工单位信息以及持证企业名单的查询方式，供客户自主选择。不得对客户受电工程指定设计单位、施工（试验）单位和设备材料供应单位。

（3）风险点描述：对重要客户、重点关注客户、重点项目、保障性住房和安居工程等报装业务，没有开辟绿色通道，优先办理。

风险后果：损害重要、重点关注客户利益，造成该类客户不满甚至投诉，产生较大不良影响。

管控措施：坚持以客户为中心，简化办理手续，不断优化业扩流程，按照"单节点"流转原则减少供电方案、设计图纸、供用电合同等的审核层级，加强时限管控，缩短办电时间。优先保障民生、居民用电需求。

（二）现场勘查及供电方案

（1）风险点描述：对重要用户甄别、认定不准确，客户受电工程设计审核不严，未符合国家有关电气技术规范的受电设备入网引起的用电安全风险。

风险后果：损害重要、重点关注客户利益，造成该类客户不满甚至投诉，产生较大不良影响。

管控措施：加强对重要电力用户的甄别、认定工作，并根据重要电力用户的相应等级，制定备用供电电源及自备应急保安电源配置方案。

（2）风险点描述：因违反业扩办理时限和服务承诺时限要求，故意拖延办理，损害客户利益，造成客户投诉，产生重大不良影响。

风险后果：违反业扩办理时限和服务承诺时限要求，损害客户利益，导致客户投诉。

管控措施：按照"单节点"流转原则减少供电方案、设计图纸、供用电合同等的审核层级，加强时限管控，缩短办电时间。业扩工程投资界面延伸、重过载设备接入申请等相关业务需要不同部门协同作业，各业务涉及部门应严格按照作业流程及时限，统一进行协调，保障供电服务质量。优先保障民生、居民用电需求。

（3）风险点描述：进线方式、电源接入点电缆、架空导线设备规格型号选型不当，造成重大安全隐患。客户受电工程设计审核不严，未符合国家有关电气技术规范的受电设备入网引起的用电安全风险。

风险后果：设计资料审核违反相关规定、没有认真审核设计资料，内容不规范不准确，影响电网安全，引发电网安全事故的营销事故指定差错行为，也可能造成"吃里扒外"等廉洁风险。

管控措施：严格执行国家、行业相关的技术标准、规范，严格执行南方电网公司"两个典设"，规范设计送审资料及审计记录资料审核工作，保证供电方案编制内容符合要求。

（三）业扩费用

（1）风险点描述：业扩费用管理不规范，未建立收（退）费明细台账，或台账不完整；未在营销信息系统发起收（退）费流程；未定期进行核账、对账。导致账实不符。

风险后果：损害客户利益，导致金额差错、客户投诉、法律风险和廉洁风险。

管控措施：建立健全业务收费和退费制度，保证业务收费和退费的合法性、规范性等；应严格按照分级权限进行业务收费和退费的审批。

（2）风险点描述：违反国家政策规定，擅自设立收费项目。

风险后果：管理人员存在"吃里扒外"行为，导致供电企业和用户利益受损，影响企业形象，同时存在极大舆情、法律和经济风险。

管控措施：加强业扩费用数据信息管理，完善营销系统业扩费用收退费明细台账及统计分析功能。

（四）合同签订

（1）风险点描述：送电前未与用户签订供用电合同（购售电合同）或合同变更、逾期未及时重签、续签，产生电费回收、安全和法律风险。

风险后果：合同签订环节不规范，如造成用电纠纷将产生电费回收、安全和法律风险。

管控措施：严格执行供用电合同管理相关规定，在需变更合同时开展合同重签、续签流程。

（2）风险点描述：供用电合同签订主体不合法，产生电费回收、安全和法律风险。

风险后果：合同签订环节不规范，如造成用电纠纷将产生电费回收、安全和法律风险。

管控措施：业务受理及资质审核环节严格筛选不具备合法资格的客户，并拒绝为其办理业务和签订供用电合同，避免相关风险，保障客户和企业利益。重点加强重要用户、特殊用户、用电大户及"租赁户"供用电合同的审核与稽查。

（3）风险点描述：供用电合同关键条款或数据错误、缺失，如产权归属与运行维护责任界定不清等，产生法律风险。

风险后果：合同签订环节不规范，如造成用电纠纷将产生电费回收、安全和法律风险。

管控措施：重点加强住宅小区、政府基础设施、供电线路主体合资或共用等运行设备、线路的检查，明确相关安全运行维护界面和责任主体。

（4）风险点描述：对特殊用户（如电厂、鱼塘等用户），未签订必要的合同附加条款或合同附件（如调度协议、自备电源安全使用协议、电费结算协议、设备安全维护责任等），产生电费回收、安全和法律风险。

风险后果：合同签订环节不规范，如造成用电纠纷将产生电费回收、安全和法律风险。

管控措施：严格执行合同管理相关规定，重点加强特殊用户合同附加条款或合同附件的编制和审核工作，电厂购售电合同应进行开展主体有效性、结算条款等信息的审查和稽查。

（五）归档审核及档案管理

风险点描述：未设置专用客户资料档案室，档案归档、保管、移交不到位，导致档案资料（包括纸质档案及电子档案）缺失，对资料数据造成难以追补的风险。

风险后果：资料归档环节不规范，如造成用电纠纷将产生电费回收、安全和法律风险。

管控措施：设置专用客户资料档案室，制定客户档案管理办法，配备专职或兼职人员，严格按照档案管理要求，规范完整保管新装、增容过程中形成的档案资料。

第二节 电能计量风险管控措施

一、电能计量业务整体风险概述

电能计量业务共存在 104 个风险点，风险等级为三级及以下的风险点共 82 个，四级及以上风险点共 22 个；在八大专业中有数量最多的五级风险，共计 7 个。

其中，计量资产管理、计量封印管理、更换计量装置工作、计量工作单现场核对、计量故障和差错这五个环节是业务关键风险点存在环节，以下我们将对这五个环节进行重点剖析并制定具体的管控措施。

二、电能计量关键风险点分析与管控措施

（一）计量资产管理

风险点描述：计量物资保管鉴定不规范，造成计量器具实物、台账信息、系统信息不一致，发现电能计量设备丢失及缺失合格鉴定等风险。

风险后果：造成计量仓库管理混乱，影响物资的查找、发放和使用，造成人力资源浪费。

管控措施：规范物资保管鉴定管理，健全计量物资台账记录，并设专人管理，定期盘点，确保台账与现场实物的一致。

（二）计量封印管理

（1）风险点描述：计量封印保管不规范。计量封印由非相关专业人员保管、使用，计量废、旧封印未妥善处理；封印进出库或使用过程中无登记和录入营销系统。导致计量装置账物不一致，导致资产遗失等风险。

风险后果：存在窃电漏洞，将产生安全风险和电费回收风险；影响计量封印的查找、发放和使用，造成人力资源浪费，易形成账外资产，存在廉洁风险；不利于档案管理，无法从系统确认现场加封情况，造成后续台账清查、物资盘点及影响客户服务等风险。

管控措施：严格控制计量封印持有人员的范围和人数；明确计量封印报废管理，制定报废流程；严格按照规定填写更新本单位计量封印的管理台账；按照到货时提供的计量封印基础数据在系统中进行完善，严格校验台账信息录入的完整性和准确性。

（2）风险点描述：计量柜、电能表封印存在断线情况；计量封印未按工作性质加封（计量检定封印、安装封印和用电检查封印）；导致现场计量装置封印不规范，导致窃电等风险。

风险后果：存在安全隐患和窃电漏洞，将产生安全风险和电费回收风

险；造成封印管理混乱，影响计量封印的查找、发放和使用，造成人力资源浪费。

管控措施：严格跟进设备安装进度及时对计量表箱进行加封，现场加封工作必须在规定位置［计量器具的端子盒、接线盒和计量箱（柜）门］及其他容易被窃电的位置进行加封，保证现场封印的有效性，严禁施工人员或非封印持有人员代为加封。

（三）更换计量装置工作

（1）风险点描述：在完成安装任务后，未及时将《计量装置更换工作单》内容录入营销管理系统，或者录入信息与工作单内容不符。

风险后果：若涉及电量退补，将影响计费正确性，易引起客户诉求，产生电费回收风险和法律风险。

管控措施：加强营销系统数据录入的完整性和准确性；工作人员在系统工单信息录入完毕后，须自检核对，确保营销系统客户档案信息与实体资料相符，做到现场设备、实体档案、营销信息管理系统三者的数据一致。

（2）风险点描述：电能表安装不规范（线材造型不符合规定、安装位置过高过低或其他不符合安装规定的操作）。

风险后果：无法保障电能量值的准确统一和计量装置的安全可靠，影响计费正确性，易引起客户诉求和用电纠纷，将产生电费回收风险、安全风险及法律风险。

管控措施：电能计量装置的装、拆、移、换应执行 DL/T 825—2002《电能计量装置安装接线规则》以及电力工程安装规程的有关规定；现场电能计量装置配置准确，接线正确，工艺规范，电能计量装置编号、信息数据和封印编号齐全、正确。

（3）风险点及后果描述：①工作人员走错工作间隔，或误碰带电设备，造成作业人员触电。②电流互感器二次开路，产生高电压危及人身安全。③电压回路短路或接地，造成作业人员触电。④未断开所有电源隔离点，导致向作业地点倒送电，造成触电。

管控措施：①凭票或按作业表单进行工作和操作。②必须至少两人进行装拆表工作，一人操作，一人监护。③确保运行中的电流互感器二次绕组可靠接地，严禁在电流互感器与短路端子之间的回路和导线上进行任何工作。④工作时做好电压互感器二次回路绝缘和防误碰措施。⑤作业地点装设接地线，做好安全隔离措施，确保断开各可能来电方向电源。

（四）计量工作单现场核对

风险点描述：计量装置工作单记录信息不完整，或者与现场不符，导致计量不准，引起经济损失的风险。

风险后果：将影响计费正确性，易引起客户诉求，产生电费回收风险和法律风险。

管控措施：现场作业人员要确保电能计量装置装拆工作单内容的完整性。准确填写封印记录、装拆日期及装拆人员信息，做到合理定位责任到人。加强施工团队和计量人员技能培训，提高工作效率，加强表单内容的核查力度，避免工作出错。

（五）计量故障和差错

（1）风险点描述：未及时发现计量故障，差错电量随时间累积增大，造成重、特大营销责任事故；用电大户（如月平均电量 100 万 kWh 以上用户）发生计量差错，造成重、特大营销责任事故。

风险后果：未及时处理计量故障、差错将影响计费，易引起客户诉求或用电纠纷，产生电费回收、法律风险。

管控措施：加强计量装置安装工作的质量管理和验收，严格执行计量装置安装工作流程的"计量正确性检查"环节，新装计量装置严格执行"首检"制度。加强计量自动化终端的安装、投运验收及异常报警监控管理，完善"计量装置运行状态"监测功能，加强实时监控，及时发现计量异常或差错，有效防范专变类客户人为窃电。对多计量点或计量关系复杂的用户（如多重子母计量关系等），加强计量方案审核与现场检查。

（2）风险点描述：新购表计发生批量时段设置错误，峰谷电价政策发生变化时（峰谷平时段调整），时段调整设置工作出现批量遗漏或错误。

风险后果：批量电费计收错误，造成重、特大营销责任事故。

管控措施：①加强批量新购电表时段设置工作的抽检和风险管控。②峰谷时段发生调整时，应重点加强管控，严格核对执行峰谷电价的用户清单，避免遗漏和差错。③完善计量自动化系统功能，通过对峰谷电价用户各时段电量变化规律的逻辑比对，及时发现时段设置错误。

第三节 电费抄核收风险管控措施

一、电费抄核收风险概况

电费抄核收业务共存在 105 个风险点，风险等级为三级及以下的风险点共 98 个，四级及以上风险点共 7 个。

其中，建立和维护客户抄表档案、抄表计划与抄表区域定期轮换、抄表、核算、收费、其他环节这六个环节是业务关键风险点环节，本节我们将对这六个环节进行重点剖析并制定具体的管控措施。

二、电费抄核收关键风险点分析与管控措施

（一）建立和维护客户抄表档案

风险点描述：用户档案信息错误，导致客户抄表档案、数据出现缺失或错误，并难以追补。

风险后果：未能按客户实际用电类别进行抄表、计费，造成营销差错。

管控措施：建立、修改和删除客户抄表档案、电费档案严格按照规定流程与要求及时办理，同时定期抽查，及时整改信息错误档案。

（二）抄表计划与抄表区域定期轮换

风险点描述：抄表员长期未按规定轮换抄表区域造成重、特大营销责任事故。

风险后果：存在抄表员估抄、漏抄、不抄表的风险。

管控措施：严格按照抄核收管理的要求，抄表员应定期轮换抄表区域，轮换周期原则上不超过1年。

（三）抄表

（1）风险点描述：未在规定时间内按规定完成抄表工作，非正常建立、修改、删除客户抄表档案和电费档案，导致出现漏抄、估抄、错抄、由他人代抄现象。发现用电异常、计量装置运行异常、违约用电和窃电行为或其他异常情况，未保护现场及当场抄录表计数据，未及时启动工作单通知相关班组处理，导致现场抄表异常未能及时发现处理。

风险后果：未在规定期限内完成电费计算工作；抄表数据错误时，用户以抄录的电量与实际使用的不符合而拒缴电费的风险；存在客户违约用电而未及时查明或计量装置异常而未及时处理，导致错误计收电量电费。

管控措施：严格按照抄表管理相关要求，规范抄表人员的工作行为：抄表人员应在抄表例日时间内完成抄表工作，在计费前，复核人员应保证所有抄表数据完整、无误；明确抄表人员职责、抄表异常处理流程，减少客户擅自改变用电类别的违约用电行为；对新报装客户归档后的首个抄表周期进行跟踪，避免漏抄；发现用电异常情况，应当场向客户了解异常的情况，详细记录在抄表事项中备查；启动工作单，设专人跟踪处理情况。

（2）风险点描述：采用远程抄表后，未按规定开展现场核对抄表，长期抄表不正确。

风险后果：存在远程抄表数据异常，或与现场电量不一致的风险，导致计收电费错误。

管控措施：严格按照抄核收管理要求的周期和比例开展现场核对抄表。远程抄表系统正常运行后，应至少每三个抄表周期与现场计费电能表记录数据进行一次现场核对。高压客户出现抄表数据为零电量的客户，应在五个工作日内进行现场核实。其他非居民客户连续二个抄表周期出现抄表数据为零电量的客户，应抽取不少于80％的样本进行现场核实，居民客户应抽取不少于20％的样本进行现场核实。

（四）核算

（1）风险点描述：基本电费计收错误，具体包括：①暂停超期用户，减容期满以及新装、增容。两年内办理减容或暂停的用户，未按《供电营业规则》规定计收基本电费，造成营销责任事故。②以变压器为单位（应以户为单位）判定暂停、减容用户基本电费的计算，导致基本电费计收错误，造成营销责任事故。③零电量专变用户（未暂停或销户）未计收基本电费、变损或力调电费，造成营销责任事故。④热备用状态或未经供电企业加封的备用变压器，未计收基本电费，造成营销责任事故。⑤一个以上工业用户合用变压器达到315kVA及以上，未按整台变压器容量计收基本电费，造成营销责任事故。⑥按需量计收基本电费的用户，其最大需量约定值小于变压器总容量的40％；当实际最大需量小于约定值时未按约定值收取；当实际最大需量超过约定值5％时，超出部分未按两倍单价收取，造成营销责任事故。

风险后果：存在未按有关规定计收基本电费，容易造成较大数量的同类客户的电费差错，客户以电费计算错误为由拒缴电费，造成公司经济利益损失。

管控措施：①对基本电费计收情况开展全面排查。②全面梳理两部制电价执行中存在的问题，组织研讨，统一执行标准。③完善系统监控功能、算费策略，以及核算和稽查规则。④对于办理新装、增容、减容、暂停的客户要在办理时主动告知相关收费政策；在减容、暂停到期前15天，应主动提醒客户，避免超期收费。⑤严格按照电费抄核收管理要求进行电费的核算工作，明确各个岗位的工作职责，加强针对高价低接、大工业客户暂停超期的基本电费的计收、电量电费退补的核查力度。

（2）风险点描述：其他电费计收错误，具体包括：①功率因素考核范围不准确、不统一，导致某类用户功率因素考核执行错误（如电厂类用户、执行居民电价的非居民用户等），造成营销责任事故。②客户变损计、高可靠性电费、应退补电量、电费等计收错误，造成营销责任事故。③存在违规优惠电、减免电情况，造成企业经济损失和廉洁风险。电价政策执行存在偏差，导致批量用户电价执行错误，造成电费和舆情风险。

风险后果：因电费计算规则、电费相关参数错误引起的电费差错或电费损失差错风险。错收客户电费，引发客户诉求。

管控措施：①全面梳理功率因素考核标准执行过程遇到的问题，组织研讨，明确和统一执行标准。②完善核算、稽查规则，加强系统监控。③按照物价管理部门批准的电价标准和执行范围，严格执行国家电价政策。④系统梳理和收集电价执行过程存在的问题，及时开展研讨和整改。

（3）风险点描述：营销系统算费策略、模型错误，管理人员未核对，系统电费计算错误。

风险后果：批量用户电费计算错误，造成营销责任事故。

管控措施：营销系统程序升级必须经过业务部门、技术部门严格测试并经审核确认。未经审批的功能升级不允许部署上线。完善营销系统测试库功能，便于稽查、审计人员对系统电费算法和涉及计费变更的业务工单开展常态测试、核查。

（五）收费

风险点描述：收费人员挪用、截留、盗窃电费资金，营业网点当日收取的电费资金未开展日结工作，未及时将全部资金存入银行；确实要留存的过夜资金，未采取有效的安保措施。

风险后果：电费现金未全额按时存入银行，收费员截留、挪用电费。

管控措施：①积极拓展非现金缴费服务，从根本上降低现金缴费比例。②严格执行电费现金安全管理制度，杜绝违规存放。③充分利用邮政代收点等方式收费，减少坐收、走收。④加强营业厅管理和保卫，加强电费日结管理，确保电费资金规范和安全。⑤严格执行公司抄核收管理规定中相关要求。

（六）其他

风险点描述：未遵守抄表、核算、收费岗位不相容原则，存在其他违反抄核收制度和相关文件的行为或隐瞒营业收费问题事件或变相处理情况，存在审计风险。

风险后果：利用岗位职能估抄、错抄、漏抄、"吃里扒外"，存在计费风险、廉洁风险。

管控措施：严格按照"抄核收"岗位不相容原则，分别设定抄表、核算、收费工作人员，严禁同一工作人员负责多个工作职责；并在系统中根据岗位性质固化工作权限。

第四节 客户服务风险管控措施

一、客户服务整体风险概况

客户服务业务共存在 114 个风险点，风险等级为三级及以下的风险点共 103 个，四级及以上风险点共 11 个；在八大专业中有数量最多的一级风险，共计 75 个。

其中，故障报修处理、投诉举报处理这两个环节是业务关键风险点存在环节，本节我们将对这两个环节进行重点剖析并制定具体的管控措施。

二、客户服务风险关键风险点分析与管控措施

（一）故障报修处理

风险点描述：没有应急预案或应急预案可操作性不强，应急响应、快速复电等工作无法开展，导致影响持续扩大，产生服务风险。重要客户未配备应急电源或应急电源无法及时启动，供电局应急发电装置配置不足或无法及时接入，造成重要客户停电，甚至长时间停电无法恢复，引发安全事故，在全省及更大范围产生不良影响。

风险后果：故障工单处理不规范，影响企业形象，造成客户诉求升级，引发客户投诉。

管控措施：①建立和完善供电应急预案，供用电双方应急联动响应机制，提高应急响应速度和处理能力。②建立重要用电客户清单，对此类用户编制应急供电方案，指导、规范其自备应急电源的配置与管理等相关工作，落实应急保障措施。③规范故障报修处理流程。严格按照客户服务渠道管理要求进行故障报修工单传递，避免工单传递超期现象。

（二）投诉举报处理

风险点描述：客户投诉、抱怨处理不当，导致客户反复投诉或投诉事件性质、影响程度升级，被省级媒体及以上媒体报道或被网络大量转载，造成重、特大营销责任事故。

风险后果：投诉举报处理不规范，影响企业形象，存在法律风险和廉洁风险。

管控措施：①建立和落实客户诉求传递机制，及时处理和疏导客户投诉意见。②严格按时限要求答复处理意见，并做好回访工作。③严格按照客户诉求业务处理管理要求进行客户诉求工单运转，正确根据客户诉求类型进行工单分类；客服中心应对运转时间过长的工单进行监督工作，督促按时完成工单流程传递，避免客户答复时间超期现象。

第五节　用电检查风险管控措施

一、用电检查风险概况

用电检查业务共存在 94 个风险点，风险等级为三级及以下的风险点共 70 个，四级及以上风险点共 24 个；在八大专业中有数量最多的四级风险，共计 18 个。

其中，日常检查计划、用户电气事故（事件）、现场检查及资料归档、窃电和违约用电查处这四个环节是业务关键风险点存在环节，本节我们将对这四个环节进行重点剖析并制定具体的管控措施。

二、用电检查风险关键风险点分析与管控措施

（一）日常检查计划

风险点描述：未按周期开展客户用电安全检查；未按计划完成每月用电检查。

风险后果：日常检查计划没有按周期进行，造成用户存在营销风险和安全隐患风险。

管控措施：加强用电检查制订计划环节监督，对计划制订不合理的分局提出建议，并督促其整改；定期公布周期计划完成情况，对计划执行不到位的单位进行通报，并纳入质量评价考核；加强新入岗人员培训，减少人为原因导致系统录入超时的情况。

（二）用户电气事故（事件）

风险点描述：①用户受电工程中间检查、竣工检验不到位。②重要用户用电检查工作不到位，或未按规定对安全隐患履行告知和督促整改义务，引发用电安全事故。③对用电安全相对薄弱的场所、地区（如城中村、大型复杂施工场所等），用电检查工作不到位，或对安全隐患未履行告知督促整改义务。

风险后果：①用电检查不到位，引发用电安全事故，产生安全和法律风险。②未按规定对重要客户或重点关注客户进行周期、专项检查，造成客户投诉、营销风险和安全风险；未及时要求用户解决设备安全隐患，造成营销风险和安全风险。

管控措施：①严格执行网、省公司关于重要用户用电安全管理有关规定，加强重要客户受电工程的竣工检验及用电检查工作。②对安全隐患拒不进行整改的客户，应及时向政府电力管理部门通报和备案。③加强用电检查人员的业务技能培训和从业资格管理。④进一步明确细化中间检查、

竣工检验的作业项目和工作指引。⑤加大对用电安全管理薄弱场所、地区的检查工作力度，合理调整检查周期。

（三）现场检查及资料归档

风险点描述：现场检查安全措施不到位，未严格按照作业指导书步骤进行操作，违规操作客户产权电气设备。

风险后果：发生人身触电安全事故，导致人员伤亡或用户、配电网设备受损。

管控措施：加强用电检查人员培训考核，提高安全、法律风险意识。严格执行电业安全工作规程及用电检查管理制度。

（四）窃电、违约用电查处

风险点描述：①没有及时发现客户用电过程中擅自增容违约用电行为，高价低接违约用电，擅自开启暂停变压器等违约用电行为。②发现窃电、违约用电行为后，未规范做好现场保护及取证工作，造成企业经济损失。③窃电、违约用电查处流程不规范，产生廉洁风险和法律风险。

风险后果：可能存在"包庇用电窃电行为"和"吃里扒外"廉洁风险，造成营销风险和法律风险。

管控措施：严格按照要求，开展窃电、违约用电取证及查处工作，落实现场证据保存，严格按照规定在营销系统走窃电、违约用电流程。

第六节　营销管理线损风险管控措施

一、管理线损风险概述

管理线损业务共存在 60 个风险点，风险等级为三级及以下的风险点共 2 个，四级及以上风险点共 8 个。其中，管理措施、异常分析这两个环节是业务关键风险点存在环节，以下将对这两个环节进行重点剖析并制定具体的管控措施。

二、管理线损风险关键风险点分析与管控措施

(一) 管理措施

风险点描述：线损异常处理管理要求落实不到位。

风险后果：线损管理不到位，线损指标不达标。

管控措施：加强终端设备的运行维护，更换淘汰一些质量差的终端设备，减少终端离线率，确保终端能与主站可靠连接通信。物流部门把好采购关，从源头上保障终端设备的质量。

(二) 异常分析

(1) 风险点描述：因档案与现场不符、计量档案错误或线变、变户对应关系错误，导致线损异常。

风险后果：业务处理不及时，如造成用电纠纷将产生电费回收、安全或法律风险。

管控措施：检查核对营销系统计量档案信息，核对是否与实际相符。及时维护档案及系统数据相关资料，确保资料的准确性、完整性。

(2) 风险点描述：因数据采集错误，导致线损异常。

风险后果：线损管理不到位，线损指标不达标。

管控措施：及时维护档案及系统数据相关资料，确保资料的准确性、完整性。结合营配数据核查工作，进一步开展线路、台区基础数据的普查工作，理顺线—变—户基础资料，明确相关的对应关系，修正错误的线路台区数据，特别是一户多变多电源点的用户信息错误，为线损统计提供准确数据信息，从根本上降低线损异常率。

(3) 风险点描述：因环网转供电，导致线损异常。

风险后果：线损管理不到位，线损指标不达标。

管控措施：建立用户转供电报送制度，加强双电源用户转供电管理工作，用户转供电时由专人负责将转供电信息上报，做到转供电实时了解和有记录可查。

第七节　客户停电管理风险管控措施

一、停电管理风险概况

停电管理业务共存在 50 个风险点，风险等级为三级及以下的风险点共 33 个，四级及以上风险点共 17 个。

其中，有序用电管理、违约用电停电处理这两个环节是业务关键风险点存在环节，本节我们将对这两个环节进行重点剖析并制定具体的管控措施。

二、停电管理风险关键风险点分析与管控措施

（一）有序用电管理

风险点描述：停电管理不规范，对党政军机关、广播电视媒体、城镇重要基础设施、人员密集场所、危险品生产企业、居民等重要用电部门或场所实施停电、限电，或未按规定时限提前通知用户；配合市政建设或政府执法工作停电处置不当，造成客户安全事故，或引起大量投诉、索赔和新闻媒体关注，造成重、特大营销责任事故。

风险后果：客户未收到停电通知，导致产生诉求；对于重要客户，未及时做好停电沟通，影响正常用电。

管控措施：提高有序用电方案及停限电序位表编制的科学合理性，并报政府有关部门批准后，严格执行。配合市政建设或政府执法工作停电时，应要求政府相关部门出具正式函件。

（二）违约用电停电处理

风险点描述：违约用电停电处理未按规定履行审批程序进行停复电处理，造成营销责任事故。

风险后果：未按规定进行停电审批，造成客户停电将产生的安全、法

律风险。

管控措施：在供用电合同中明确约定停电通知送达方式，并严格按规定提前通知用户。避免违约用电停电，严格按规定履行停电审批和通知程序。

第八节 营销项目管理风险管控措施

一、营销项目管理整体风险概况

营销项目管理业务共存在 35 个风险点，全部为风险等级三级及以下风险点。

其中，立项管理、采购管理、实施管理这三个环节是业务关键风险点存在环节，本节我们将对这三个环节进行重点剖析并制定具体的管控措施。

二、营销项目管理关键风险点分析与管控措施

（一）立项管理

风险点描述：项目主要内容不符合实际要求，存在虚假立项情况；存在先设计后立项或先实施后立项情况。

风险后果：项目立项管理不规范，项目立项需求不准确，项目立项实施存在"体外循环"情况，管理人员存在"吃里扒外"的廉洁违规行为。

管控措施：规范立项管理，项目立项文件内容应齐全，项目涉及内容、单价、数量应符合实际需求。严格按照流程进行项目立项审批，对于未列入营销技改年度投资计划和营销费用性项目计划的项目，不得实施。

（二）采购管理

风险点描述：合同模板选用不规范，合同内容与立项不一致，存在先实施后签合同行为。

风险后果：合同管理不规范，导致项目存在法律风险，项目过程存在弄虚作假行为，存在廉洁违规行为。

管控措施：规范合同模板选取，编写和审批过程重点检查合同内容、合同金额是否与立项批复一致；项目实施部门应在中标通知书发出之日起30日内按照招标文件和中标人的投标文件完成书面合同的签订工作，严禁倒签合同行为。

（三）实施管理

风险点描述：工程设计与施工单位为同一单位，存在将主体工程违规分包的情况。

风险后果：项目过程存在弄虚作假行为，存在"吃里扒外"的廉洁违规行为。

管控措施：项目实施部门按照安全管理"五个严禁"的要求工作指引开展分包管理工作，严格项目设计、施工单位审查，严禁同一单位同时任项目设计与审查工作。

本章重点分析了电力营销业务中八大专业的关键风险点与对应的控制措施，从多个角度加强供电企业对电力营销业务风险管理的预防控制，提出具体可行的防控策略，重点突出地保障电力营销风险管理流程的实施，降低电力营销业务过程中的风险。

第四章

基于风险的数据分析应用研究

基于营销风险数据进行系统分析应用，开展差异性稽查是精益化稽查管理的重要实现方式。通过基于营销风险数据的分析应用研究，构建一套可复制、可推广的风险数据分析工具及方式，并将风险数据分析结果应用于风险管控工作中，提升稽查工作开展精益性、有效性、规范性，推动精益化风险管理体系的落地。

一、通过信息平台实现风险数据智能管控

通过研发营销业务稽查风险管理平台实现风险数据可视化、智能化分析管控，提升营销风险数据处理效率。

营销业务稽查风险管理平台使用 H - ui 前端开源框架（html）搭建系统 UI 界面，后端程序采用 PHP 编程语言，通过 highcharts 对系统数据进行可视化处理，形成直观的图表，应用 SQLite 建立数据库平台用于系统的数据存储，通过数据回流把营销系统中的风险数据同步到信息平台中。系统功能原理如图 4 - 1 所示。

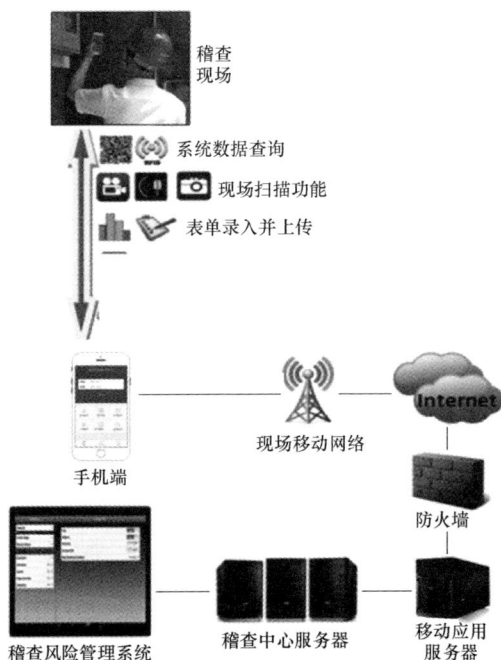

图 4 - 1　营销业务稽查风险管理平台功能原理

营销业务稽查风险管理平台的数据分析基础在于创建信息化稽查问题台账。对稽查多种资料数据来源进行整合,将稽查渠道、稽查主题、差错信息、整改情况、复查结果等全过程信息,设计整合台账避免了数据梳理重复工作。以营销业务稽查风险库为依据,平台将问题明细台账和稽查风险库手册的风险等级数据进行关联并同步导入,使每单问题都有标准的问题编码,实现了稽查数据精益化、系统化管理。

利用编程技术对营销风险(问题)按各种规则进行自动统计分析、生成图形报表,实现强大的数据自动统计分析功能,风险数据可视化、智能化,大大提升稽查人员对庞大营销业务风险的处理效率。同时,营销业务稽查风险管理平台以使用混合开发模式开发系统移动版 APP,实现稽查人员在工作现场远程实时查询、录入数据信息等功能,采用 VPN 实现内外网互联(移动终端远程登录系统)。

二、基于风险数据分析实施差异化稽查

建立营销风险分级稽查要求,按照风险不同级别、所需管控资源、管控能力、管控措施复杂及难易程度等因素确定不同管控层级的风险管控方式。

通过对风险评估结果进行分析,建立统一规范的稽查发现问题统计方法,根据营销风险危害程度、风险系数将营销风险进行量化分析,同时结合营销稽查工作需求,将营销风险分为若干级别,确立相应的稽查要求。引入营销稽查主题管理,分析数据的特征性和差异性,以异常数量较高的风险项为稽查主题,以某主题下异常数据量较高的单位为重点稽查单位。同时根据评价分析结果,系统结合各单位营销服务工作的基准风险及管理薄弱环节,按照均衡覆盖和重点突出相结合的原则制订总体评价计划,明确评价周期、开展方式、主要评价内容等要求。并对应输出至营销稽查计划编制中,实现营销稽查差异化管控。

三、实时对营销风险进行预警发布

风险管理的有效性基于及时准确对风险管理信息进行正确解读。通过打造高效顺畅的风险管理信息传递渠道，确保风险信息自上而下和自下而上的有效传递，以及信息的准确性和可靠性。以营销业务风险评价为切入点，对稽查发现的问题建立风险常态诊断、预警体系，通过月度风险展板对营销业务关键点开展风险识别和估测，以红灯、黄灯、绿灯标识实现动态风险提示和分级处理，并提交风险管理效果评价。

通过风险预警，定期针对稽查中发现的管理问题开展回顾，深入分析问题产生原因，给相关管理部门提出合理化工作建议和管理建议，为管理决策提供管理依据，促进营销管理水平提高。

四、营销风险数据周期性回顾

为全面准确评价全局营销风险状况，加强对营销风险的预控管理，企业风险管理效果需要全面系统回顾，必要时需要进行修正，以确保企业风险管理体系能持续、有效地运行。

以年为评价周期开展风险回顾，对评价周期内营销服务领域各项业务多发问题、重复发现问题、风险等级高问题进行专项分析，并通过制定有针对性的风险管控措施，降低风险造成的概率、减轻风险造成的影响。在年度风险报告中，还应基于内、外部因素与风险条件的变化进行针对性分析，如法律法规要求变化、发生事故事件、设备或作业程序变更、持续风险评估中出现明显不符、员工反馈出新的风险信息等。报告中通过对风险管理工作进行全面回顾，对风险管理策划、风险评估、风险控制与监测、风险控制效果等方面的工作进行总结，改进风险管理工作。

五、营销风险数据分析应用实例

（一）营销业务稽查风险管理平台对风险数据进行智能分析

将某供电企业年度发生营销风险按台账格式进行信息导入，通过营销业务稽查风险管理平台进行数据生成，格式应包含"问题序号、发现问题月份、单位名称、稽查形式、用名编号或工单号、业务分类、业务环节、问题编号、风险等级、问题名称、整改状态"等信息数据。

通过梳理年度风险台账，对每一个营销风险进行五位数的问题编码，实现对营销风险数据进行快捷筛选、归类、分析；营销风险评估的营销风险等级成为营销风险影响的量化判定依据，作为风险评估报告、质量评价、营销稽查月报、专项稽查分析报告等材料分析的图表分析数据基础。

（二）年度风险报告锁定问题高发业务环节

通过编制风险报告，对某供电企业年度风险发生情况按营销专业对稽查问题进行分类，结果如图 4 - 2 所示。

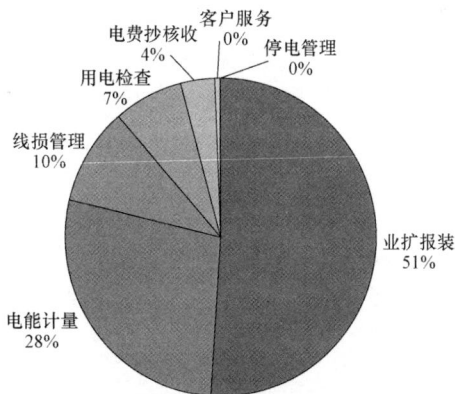

图 4 - 2　某供电企业年度营销风险专业分布

可以看出，该供电企业业扩报装发现问题最多，占 51.05％；电能计量次之，占 27.72％；客户管理和停电管理业务管控较好，项目管理未发现问题。因此通过对年度风险数据进行分析，初步锁定业扩报装业务存在较高的风险分布，是营销业务管理及稽查需重点关注专业。

通过对业扩报装专业发生风险类别进行进一步分析，如图 4-3 所示。可以看出业扩报装业务共发现 61 个风险类别问题，类别所占比重最多。对发现风险类别数据进行分析，业扩报装一级、二级、三级、四级风险类别的发生率均超过 50%，说明业扩报装业务风险类别存在普遍性。

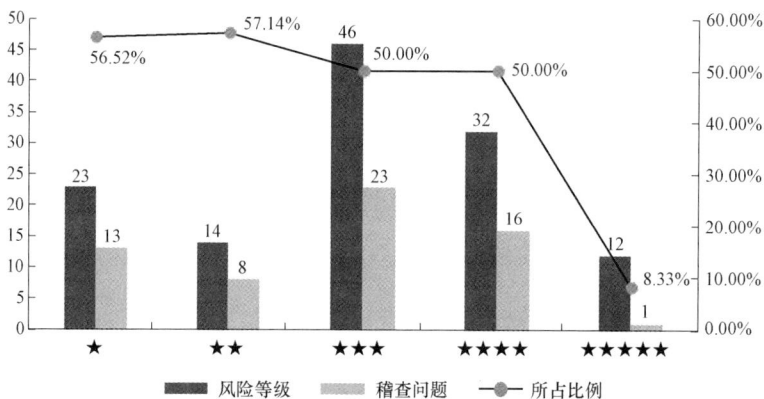

图 4-3　某供电企业业扩报装专业风险等级分布

通过对业务环节的风险分布，进一步梳理分析业扩管理专业哪些环节风险管控不理想，导致问题数量明显偏多，如图 4-4 所示。

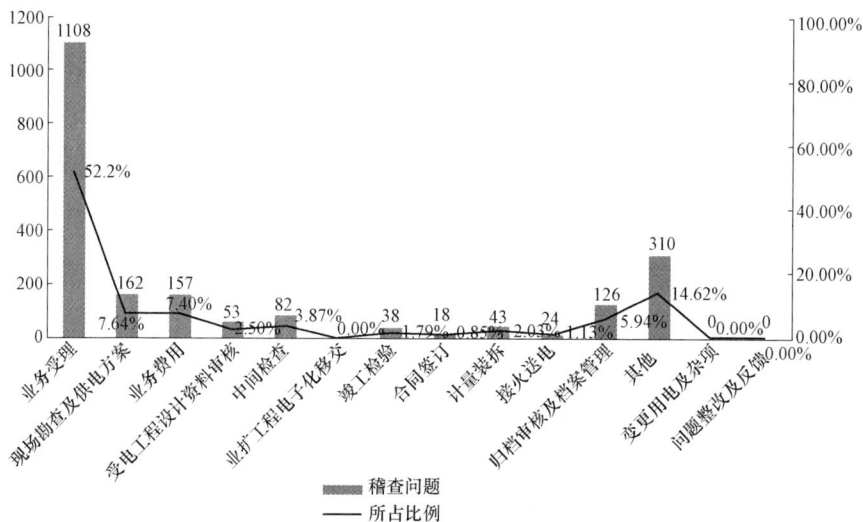

图 4-4　业扩报装业务环节稽查问题分布图

可见业务受理、现场勘查及供电方案、其他环节这三个环节是发现问题最多的环节。业扩工程电子化移交、变更用电及杂项、问题整改及反馈三个环节未发现问题。通过对业务环节的风险分布，可选定下阶段业扩报装专项稽查中重点稽查环节。

（三）结合风险等级计算各单位营销业务质量评价得分

分析一个专业营销风险的分布不仅需考虑其风险个数，同时需要考虑营销风险后果造成的影响。通过开展营销服务质量评价，根据风险后果设置对应扣分值，并通过计算对各项业务、各个单位的质量评价得分进行分析，见表4-1。

表4-1 业扩管理专业质量评价扣分要求

业务环节	问题描述	问题扣分	风险编码	风险后果等级
业务受理	业务受理资料完整、齐备，并规范登记；业务表单填写正确、规范，无关键项缺失	（1）业扩报装资料缺失或登记不全扣2分/宗	10101	II
		（2）业务表单关键项信息错误、缺失扣1分/宗	10103	I
	业务办理准确、规范，并按业务种类，正确使用相应业务流程	（1）业务办理不规范、不正确扣2分/宗	10106	II
		（2）业务流程应用不正确扣5分/宗	10108	V
现场勘查及供电方案	现场勘查信息及供电方案内容规范、完整、准确	（1）涉及接入方式、负荷等级、电价、计量、产权分界点等关键内容错误扣3分/宗	10210	VI
		（2）其他非关键信息错误扣1分/宗	10211	I
		（3）重要电力用户的接入方案及自备应急电源配置不符合负荷等级要求扣5分/宗	10206	V

通过对各营销风险后果影响赋予扣分值，计算得出某供电企业年度各专业质量评价得分如图4-5所示。

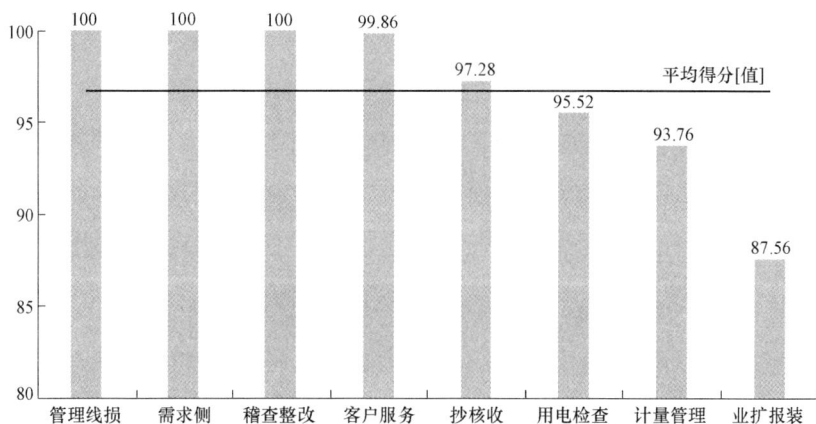

图 4-5　某供电企业各专业质量评价得分

从业务评价得分来看，管理线损、需求侧和稽查整改三个专业未发现营销差错，业务得分均为满分，客户服务及抄核收得分较高，均高于平均分；需重点关注的是，该供电企业主要存在的问题集中在业扩报装方面，平均得分最低，可以看出业扩报装专业不仅营销风险数量较多，其发生的后果影响也较大。

通过对各单位营销质量评价进行分析计算，可见无分局得满分，说明业扩报装专业的风险分布具有普遍性；其中供电局 1、供电局 2 得分较高，供电局 14、供电局 15 分局得分较低，通过图 4-6 可以看出得分较低的供电局是下阶段重点稽查及管控对象。

（四）针对业扩管理专业开展差异性稽查

根据上一年度评价分析结果，系统结合各单位业扩报装专业存在风险及管理薄弱环节，按照均衡覆盖和重点突出相结合的原则制订营销稽查计划，通过常态稽查、在线稽查、专项稽查管控业扩报装专业营销风险。

（1）开展常态稽查，提升业扩报装专业稽查抽样率，扩大稽查范围。2016 年 1～12 月，通过提升抽样率，该供电分局业扩报装专业稽查样本比去年同期增加 37.48%，稽查样本实查率 100%，稽查计划完成率 100%。

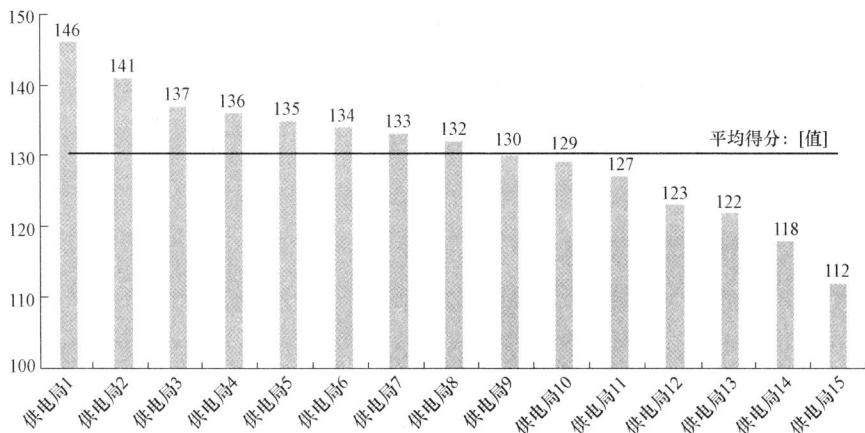

图 4-6 业扩报装专业各供电局质量评价得分

（2）通过在线稽查，对营销系统业扩报装数据进行监控预警。稽查人员对业扩报装管理在线稽查规则选取稽查主题，对系统异常数据进行定期筛选分析，对存在较高异常数据的规则开展专题分析，对存在管理原因制定预防性管控措施，并对异常数据专项批量处理。2016年，该供电分局针对"业务表单缺失或信息填写不规范"一项在线规则，查处并整改问题1181起，有效提升业扩报装营销系统数据及资料规范管理。

（3）开展业扩报装专项稽查，对当月高压业扩报装工单按30%、竣工高压工单提级回访按100%、在途高压工单提级回访按40%的比例开展业扩专项治理稽查，严肃查处业扩报装风险高发环节的不规范行为。

（五）通过营销稽查月报持续预警营销风险

通过编制营销稽查月报，对当月发现营销风险进行系统分析，并设置"红绿灯"风险预警机制：对风险等级高、风险数据较多的风险标注红色风险等级，要求各单位重视该类问题，做好对照分析自查，举一反三；对当月曾经发生的其他营销差错标注黄色风险等级，发生问题单位需要关注并做好问题整改工作；对当月未发生营销差错的风险标注绿色风险等级，表示供电企业该类风险在上一阶段管控较好。风险预警界面表格如图4-7所示。

序号	业务专业	风险编号	风险描述	风险等级	发现数量	风险状态
1	业扩管理	10602	没有按规定程序开展竣工检验，相关查验资料和记录不规范、不完整	★	1	黄
2		10902	没有按要求填写《领导干部插手具体业务进行"打招呼"登记表》并存档案	★	1	黄
3		10903	档案资料（包括纸质档案及电子档案）登记不完整、不准确	★★	2	黄
4		11006	存在其他违反业扩相关管理制度和文件的行为	★★	9	黄
5	计量管理	20403	电能计量装置接线错误、不准，分时计量错误	★★★★★★	6	红
6		20409	作业人员未应用数码照相机拍摄电能计量器具铭牌资料、电能表起始读数（止码）、电能计量装置加封情况等信息存档备查	★★★	1	黄
7		20509	《计量装置装拆工作单》实体版用电客户未签名确认	★★★	31	黄
8		20601	在完成安装任务后未及时将《计量装置装拆工作单》录入营销售管理系统	★★★	12	黄
9		20602	录入营销管理系统计量信息与《计量装置装拆工作单》实体版内容不符（如工作人员、工作日期等非关键信息）	★	1	黄
10		20604	营销管理系统计量信息与现场实际设备信息不一致（如计量方式、计量资产编号、计量表码等关键信息）	★★★★	6	黄
11		20901	存在其他违反业务制度或相关文件的行为	★★	2	黄
12	抄核收	30304	非正常建立、修改、删除客户抄表档案和电费档案	★★★	1	黄
13	用电检查	50410	检查记录未录入营销系统	★★	1	黄
14	线损管理	60206	因档案与现场不符，导致线损异常	★★	5	黄
15		60208	因计量装置故障，导致线损异常	★★★	5	黄
16		60210	因计量档案错误，导致线损异常	★★	19	黄
17		60214	其他原因	★	4	黄
18		60218	因数据采集错误，导致线损异常	★★	23	黄
19		60219	因终端通信问题（离线），导致线损异常	★★	83	红
20		60220	因线变、变户对应关系错误，导致线损异常	★★	11	黄
21		60221	因未更新负荷割接资料，导致线损异常	★★	11	黄
22		60222	因环网转供电，导致线损异常	★★	27	黄
23	停电管理	70508	当停电计划发生变更，或者不能按照原定计划停送电时，停电审批单位没有及时将相关信息传递至停电通知单位或停电通知单位没有在最短的时间内通知受影响的客户	★★★★	1	黄

图 4-7　某供电企业营销稽查月报风险预警表

（六）业扩管理专业风险管控情况

该供电企业通过持续开展业扩报装专项稽查，业务风险管控情况如图4-8所示。

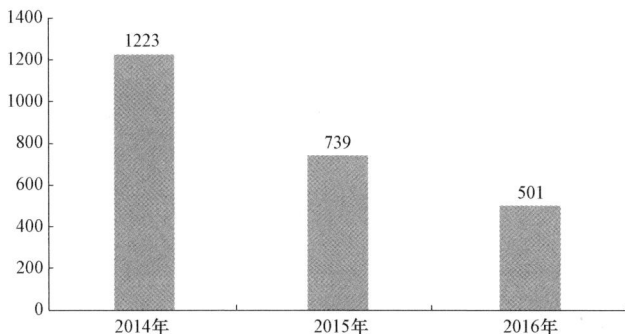

图4-8 某供电企业2014—2016年业扩管理稽查问题数量

由图4-8可见，2016年稽查发现问题较2014年下降了722个，年均下降29.5%，同时各单位业扩报装专项稽查问题得到大幅度减少，平均差错数由2014年的37.06个降低至2016年的15.21个，业扩报装流程规范性方面得到较大改善。

如图4-9所示，通过连续三年针对业扩报装的专项稽查和治理，业扩管理高风险级别问题发生数量和频次大幅度下降，主要在以下几个环节问题得到较大改善。

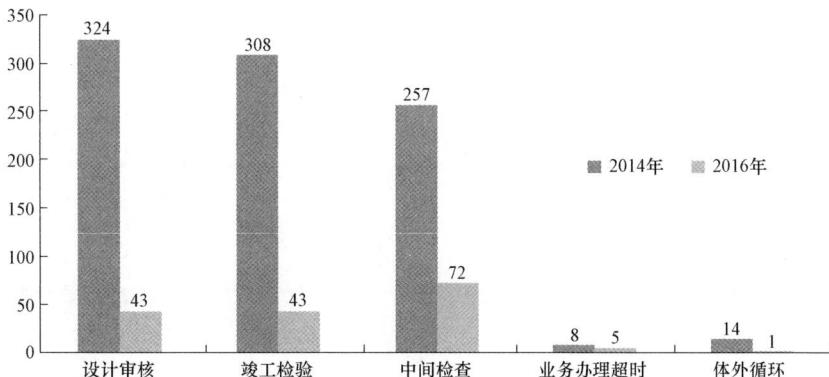

图4-9 某供电企业2014—2016年业扩管理主要改善环节对比

（1）客户档案管理规范性大幅提升。2016 年在设计审核、竣工检验和中间检查环节发现问题数分别是 43 个、43 个和 72 个，较 2014 年的 324 个、308 个和 257 个问题下降了 87%、86% 和 72%，客户资料得到进一步完善。

（2）业扩报装受限情况基本解决，业务办理超时问题得到较好控制。2016 年稽查发现超时问题 5 个，较 2014 年的 8 个下降了 38%，超时问题得到较好解决。

（3）杜绝业务办理"体外循环"问题，2016 年稽查发现问题 1 个，较 2014 年的 14 个下降了 93%，客户本人办理机制有效落实，杜绝了"三指定"等情况的发生。

本章重点对风险数据的分析应用研究进行阐述，通过建立数据分析的平台载体，基于风险数据分析开展差异化稽查，并定期进行风险预警，通过周期性回顾确保风险管控效果。同时通过案例分析进一步阐述风险数据应用管控的流程效果。

附录　供电企业营销业务稽查风险库

		风险描述			风险评估		
问题编号	所属专业	业务环节	问题分类	问题描述	风险概率级别	风险后果级别	风险等级
10101	业扩报装	业务受理	业务受理资料不完整、不规范	业务受理资料缺失、登记不齐全或审核不到位	三	II	★★★
10102				非客户本人办理业务，没有提供委托书或其他相关资料等	三	II	★★★
10103				业务作业表单缺失或内容不规范	三	I	★
10104				营销系统信息错误（业务受理）	五	I	★★★
10105				无业务受理回执或回执内容不正确（受理）	二	I	★
10106	业扩报装	业务受理	业务受理办理不规范	业务办理不规范，没有按业务种类正确使用相应业务流程	二	II	★★
10107				重要客户（重点项目）未优先办理	二	II	★★
10108				报装受理环节故意"不走流程、不入系统、体外循环"的行为	二	V	★★★★
10109				业务超时或时间记录不一致（业务受理）	三	II	★★★

	风险描述				风险评估		
问题编号	所属专业	业务环节	问题分类	问题描述	风险概率级别	风险后果级别	风险等级
10201	业扩报装	供电方案	供电方案内容落实不到位	业扩配套工程超时	二	Ⅲ	★★★
10202				业扩工程投资界面未延伸，或业扩配套项目存在违规收费情况	二	Ⅲ	★★★
10203				客户现场投资界面延伸后产权分界点与供电方案不一致	二	Ⅳ	★★★★
10204				客户不执行投资界面延伸，但现场不符合无须执行投资界面延伸条件	一	Ⅳ	★★
10205				现场勘查、供电方案流程、审核、签订、告知不规范，或标准化供电方案未执行免审批	三	Ⅱ	★★★
10206				重要电力用户的接入方案及自备应急电源配置不符合负荷等级要求	二	Ⅳ	★★★★
10207				未按规定收取或及时清退业扩费用	二	Ⅳ	★★★★
10208				业扩费用收、退费流程或记录不规范，或票据凭证缺失	四	Ⅰ	★★
10209	业扩报装	供电方案	供电方案资料信息不完整、不规范	现场勘查记录缺失或内容不完整、不正确	四	Ⅰ	★★
10210				供电方案缺失或内容不正确，涉及电价、计量、业扩费用、功率因素、产权分界点等关键内容错误，并造成较大及以上营销差错	四	Ⅳ	★★★★★
10211				供电方案其他非关键信息错误，或关键信息错误但未造成较大营销差错	三	Ⅰ	★

问题编号	所属专业	业务环节	问题分类	问题描述	风险概率级别	风险后果级别	风险等级
			风险描述			风险评估	
10212	业扩报装	供电方案	供电方案资料信息不完整、不规范	营销系统信息错误（供电方案）	二	Ⅲ	★★★
10213				业务超时或时间记录不一致（供电方案）	三	Ⅱ	★★★
10214				供电方案超过有效期	二	Ⅱ	★★
10215				重要用户认定程序不规范或等级认定不正确	二	Ⅲ	★★★
10301	业扩报装	设计审核	设计审核资料信息不完整、不规范	无业务受理回执或回执内容不正确（审图）	二	Ⅰ	★
10302				设计资料审核不到位，没有严格执行南方电网公司"两个典设"，与《供电方案》内容不符，或标准化设计未执行免审批规定	三	Ⅲ	★★★★
10303				营销系统信息错误（设计审核）	一	Ⅱ	★
10304				设计送审资料、审核记录等资料不齐备、不规范	三	Ⅰ	★
10305	业扩报装	设计审核	设计审核工作落实不到位	设计审核没有采用集中会审方式，没有按照每专业（用电检查、计量、计划、运行）安排1人参加会审	三	Ⅱ	★★★
10306				审核意见没有一次性告知客户，造成重复审核	二	Ⅱ	★★
10307				设计资料变更未重新履行设计资料审核手续	二	Ⅱ	★★
10308				业务超时或时间记录不一致（设计审核）	三	Ⅱ	★★★

续表

	风险描述				风险评估		
问题编号	所属专业	业务环节	问题分类	问题描述	风险概率级别	风险后果级别	风险等级
10401	业扩报装	中间检查	中间检查资料信息不完整不规范	无业务受理回执或回执内容不正确（中间检查）	二	I	★
10402				业务超时或时间记录不一致、不合逻辑，或"体外循环"（中间检查）	三	II	★★★
10403				营销系统信息错误（中间检查）	二	II	★★
10404	业扩报装	中间检查	中间检查工作落实不到位	没有按规定程序开展中间检查，相关查验资料和记录不规范、不完整	四	II	★★★★
10405				工程查验质量不符合要求	二	III	★★★
10406				查验意见未一次性书面告知客户造成重复查验	二	II	★★
10407				没有在营销系统打印客户受电工程中间检查现场作业表	三	II	★★★
10501	业扩报装	电子化移交	电子化资料移交不规范	电子化移交流程不规范或审核记录不完整	四	I	★★
10502				电子化移交资料不准确、不完整、不规范	四	I	★★
10601	业扩报装	竣工检验	竣工检验资料信息不完整、不规范	无业务受理回执或回执内容不正确（竣工检验）	二	I	★
10602				没有按规定程序开展竣工检验，相关查验资料和记录不规范、不完整	四	II	★★★★

续表

问题编号	所属专业	业务环节	问题分类	问题描述	风险概率级别	风险后果级别	风险等级
			风险描述			风险评估	
10603	业扩报装	竣工检验	竣工检验资料信息不完整、不规范	业务超时或时间记录不一致（竣工检验）	三	II	★★★
10604				营销系统信息错误（竣工检验）	二	II	★★
10605				客户现场投资界面延伸线路长度、规格等与结算数据不相符	二	IV	★★★★
10606				现场高压接线、高压柜、联锁等相关设备与竣工图纸不相符	二	II	★★
10607				工程查验质量不符合要求	二	III	★★★
10608				查验意见未一次性书面告知客户造成重复查验	二	II	★★
10609	业扩报装	竣工检验	现场检查行动落实不到位	现场计量装置与竣工图纸不相符	二	II	★★
10610				变压器安装方式（台架、箱变、室内）与竣工图纸不相符	二	II	★★
10611				变压器型号、容量、数量与档案资料不相符	二	II	★★
10612				低压接线、低压柜、联锁等相关设备与竣工图纸不相符	二	II	★★
10613				设备排列布置与竣工图纸不相符	二	II	★★
10614				配电房安全工器具、模拟图板不规范	一	I	★
10615				现场电气设备存在其他不规范情况	一	I	★

		风险描述				风险评估	
问题编号	所属专业	业务环节	问题分类	问题描述	风险概率级别	风险后果级别	风险等级
10701	业扩报装	合同签订	合同资料信息不完整、不规范	没有正确使用合同范本	二	II	★★
10702				合同（含附件、补充协议）户名、电价、供电容量、供电方式、计量点、基本电费、功率因素考核标准、产权分界点等合同关键内容缺失或错误	三	III	★★★★
10703				签订供用电合同双方主体不具备合法资格	三	II	★★★
10704				合同编号、印章管理不规范	三	II	★★★
10705				营销系统信息错误（供用电合同）	二	II	★★
10706				合同（含附件、补充协议）非关键内容缺漏或错误	三	II	★★★
10707				供用电合同内容与营销系统及业扩报装工单不一致	三	II	★★★
10708	业扩报装	合同签订	合同行动落实不到位	未在竣工检验合格后，送电前签订供用电合同	一	II	★
10709				客户现场用电类别与《供用电合同》不一致	二	IV	★★★★
10710				没有签订供用电合同	三	V	★★★★★
10711				《供用电合同》变更未重新签订合同	四	II	★★★★

续表

风险描述					风险评估		
问题编号	所属专业	业务环节	问题分类	问题描述	风险概率级别	风险后果级别	风险等级
10801	业扩报装	装表接电	装表接电资料信息不完整、不规范	计量工作单相关查验资料不齐备、不规范	二	II	★★
10802				营销系统信息错误（装表接电）	二	II	★★
10803	业扩报装	装表接电	装表接电行动落实不到位	延期、分期投运手续不规范	二	II	★★
10804				未办理完毕竣工送电手续提前装表接电或其他"非常规装表"现象	三	II	★★★
10805				业务超时或时间记录不一致（装表接电）	三	II	★★★
10901	业扩报装	资料归档	资料归档信息不完整、不规范	客户档案管理不规范，没有按一户一档建立档案	四	I	★★
10902				没有按要求填写《领导干部插手具体业务进行"打招呼"登记表》并存档	三	I	★
10903				档案资料（包括纸质档案及电子档案）登记不完整、不准确	二	II	★★
10904				业务超时或时间记录不一致、不合逻辑（档案管理）	三	II	★★★
10905				档案分类或归档方式不规范	四	I	★★
10906				档案保管、借阅不符合规定	一	I	★

		风险描述			风险评估		
问题编号	所属专业	业务环节	问题分类	问题描述	风险概率级别	风险后果级别	风险等级
11001	业扩报装	变更及其他业务	变更及其他业务信息不完整、不规范	未按规定程序及时限准确将用电变更信息录入系统并归档	四	I	★★
11002	业扩报装	变更及其他业务	变更及其他业务行动落实不到位	变更及其他业务办理不符合规定	二	II	★★
11003				办理更名过户、分并户、销户业务未结清电费	二	III	★★★
11101	业扩报装	其他	信息不完整、不规范	办理业扩工单作废业务缺客户报废申请，作废审批不符合规定	二	II	★★
11102	业扩报装	其他	行动落实不到位	高压新装（增容）业务从受理申请到接火送电总用时少于10个工作日	二	II	★★
11103				高压新装（增容）业务从现场勘查到接火送电总用时大于120个工作日	二	II	★★
11104				业扩工单没有填写计划完成日期，或没有按照计划完成日接火送电	三	II	★★★
11105				业务办理和流转不规范，在营销系统中随意作废或退回业扩工作单	二	II	★★
11106				存在"三指定"或其他违纪行为	二	V	★★★★★
11107				违规越权处理、审批业务	一	IV	★★★
11108				存在其他违反业扩相关管理制度和文件的行为	三	II	★★★

问题编号	风险描述				风险评估		
	所属专业	业务环节	问题分类	问题描述	风险概率级别	风险后果级别	风险等级
11201	业扩报装	问题整改及反馈	措施制定、填报不规范	未按要求制订和落实整改措施	一	V	★★★
11202				整改（核查）填报不真实、不准确	一	IV	★★
11203	业扩报装	问题整改及反馈	整改情况上报超时	未按时上报核查情况	一	II	★
11204				未按时上报整改情况	一	II	★
20101				计量装置需用计划制订不及时、不准确	一	II	★
20102				计量物资由非我局相关工作人员领用	二	IV	★★★★
20103				计量物资的领用未按仓库管理规定办理出、入库手续	三	I	★
20104	计量管理	计量资产管理	计量物资计划、领用、退库管理不规范	《计量物资领用电》实体版的设备编号、领用人、领用时间或批准人信息填写错误或缺失	三	I	★
20105				已领出但因故未能安装的电能计量器具，未在规定时间内退库	一	I	★
20106				计量设备未按照相关规定由相应人员严格保管与使用	一	II	★
20107				计量设备没有通过质量鉴定	二	IV	★★★★
20108	计量管理	计量资产管理	计量仓库管理不规范	检定日期到装表日期超过 6 个月，超过考核有效期	二	III	★★★
20109				电能表未按管理要求加封检定封印	二	III	★★★
20110				计量设备未区分不同状态（待验收、待检、待装、淘汰等）分区放置	一	II	★

续表

问题编号	所属专业	业务环节	问题分类	问题描述	风险概率级别	风险后果级别	风险等级
20111				计量仓库基础设施不齐备（缺少物品类别标示牌、缺少空调或抽湿机）	一	II	★
20112	计量管理	计量资产管理	计量仓库管理不规范	未建立电能计量器具管理台账	二	II	★★
20113				计量资产管理未做到账、卡、物相符	五	II	★★★
20114				计量设备资产信息错误	一	II	★
20115				未对退运的电能计量设备在保存2个抄表周期后启动报废和再利用工作	二	I	★
20116	计量管理	计量资产管理	失窃、遗失、报废计量装置的处理流程不规范	废旧计量设备未妥善保管及报废	一	I	★
20117				发生电能计量设备丢失，未记录丢失原因或存在以领代耗或计量器具遗失的情况	二	IV	★★★★
20118	计量管理	计量资产管理	营销系统、客户计量资产信息与实际不一致	已安装的电能计量设备未及时录入营销系统，未更改计量设备的状态（合格在库、待领、待装、运行等）	二	II	★★
20119				计量设备实物、台账信息、系统信息不一致	一	II	★
20201	计量管理	计量质量检测管理	计量检定环境条件不符合要求	计量检定实验室环境条件不符合制度要求	一	II	★
20202	计量管理	计量质量检测管理	计量装置检测管理不规范	新购的电能计量标准装置未取得相应考核证书	二	III	★★★
20203				电能计量标准装置考核证书过期	二	III	★★★

问题编号	所属专业	业务环节	问题分类	问题描述	风险概率级别	风险后果级别	风险等级
				风险描述		风险评估	
20204	计量管理	计量质量检测管理	计量装置检测管理不规范	电能计量装置、电能计量标准装置没有按规定进行技术档案管理	一	Ⅱ	★
20205				电能计量标准装置未按规定送检	二	Ⅲ	★★★
20206				电能计量装置未按规定进行到货验收或强检不到位	二	Ⅲ	★★★
20207				装出使用检定不合格的电能计量装置	二	Ⅲ	★★★★
20208				检定合格的计量设备未粘贴合格证	一	Ⅱ	★
20209	计量管理	计量质量检测管理	从事检定、校准工作的人员资质管理不规范	从事检定、校准工作的人员未持有相应项目的计量检定员证	一	Ⅲ	★
20210				从事检定、校准工作的人员计量检定员证已超过有效期	一	Ⅲ	★
20301	计量管理	计量封印管理	计量封印领用、仓管不规范	计量封印由非我局人员保管、使用	二	Ⅳ	★★★★
20302				计量封印由我局非相关专业人员使用	一	Ⅳ	★★
20303				计量废、旧封印未妥善处理	一	Ⅱ	★
20304				封印进、出库或装出使用未登记相关记录	一	Ⅱ	★
20305				封印出库未记录领用人、领用时间、领用数量等内容	二	Ⅱ	★★
20306	计量管理	计量封印管理	计量封印录入系统不规范	计量封印编号未及时录入营销系统档案	四	Ⅱ	★★
20307				计量封印编号未准确录入系统(或未正确录入装封人、装封时间、装封位置)	四	Ⅱ	★★

风险描述					风险评估		
问题 编号	所属 专业	业务 环节	问题 分类	问题 描述	风险 概率 级别	风险 后果 级别	风险 等级
20308	计量 管理	计量封印 管理	计量封印 维护不到位	计量箱（柜）或附柜的计量封印存在断线情况	二	Ⅲ	★★★
20309				电能表封印存在断线或无效的情况	二	Ⅲ	★★★
20310	计量 管理	计量封印 管理	未按规定 加封计量 封印	计量封印未按工作性质加封（计量检定封印、安装封印和用电检查封印）	二	Ⅱ	★★
20311				未按规定对电能计量装置所有应加封部位进行加封（计量柜门未加封、其他部位未加封）	四	Ⅲ	★★★★★
20312				检验（检定）合格的计量装置未加检定封印	一	Ⅳ	★★
20401	计量 管理	计量运行 管理	未按规范 正确配置或 安装计量 装置	未严格按照典设及其他相关技术规范进行配置装置	二	Ⅲ	★★★
20402				未严格按照典设及其他相关技术规范使用合理计量方式供电，使计量装置过载烧毁或计量误差超过规定值	二	Ⅲ	★★★
20403				电能计量装置接线错误、不准，分时计量错误	二	Ⅴ	★★★★★
20404				未按用电类别配置适当的计量终端	一	Ⅱ	★
20405				接到业扩工程竣工验收通知后，未在服务承诺规定的时间内对电能计量装置进行查验、安装	一	Ⅱ	★
20406				计量装置安装位置或计量点位置与供电方案（合同）要求的不一致（不影响计量、计费）	一	Ⅰ	★

续表

风险描述					风险评估		
问题编号	所属专业	业务环节	问题分类	问题描述	风险概率级别	风险后果级别	风险等级
20407				存在先送电后装表的行为	二	IV	★★★★★
20408				存在先装表后办领表手续	二	III	★★★
20409	计量管理	计量运行管理	未按规范正确配置或安装计量装置	电能表安装不规范（线材造型不符合规定或其他不符合安装规定）	五	II	★★★★
20410				三相计量装置未按规定要求分相线标识接线	一	II	★
20411				计量表箱安装不规范，安装过高或残缺未更换，缺乏用户编号	一	II	★
20412				更换前未进行更换原因核实，未检查电能计量装置是否正常运行	二	III	★★★
20413				作业人员未应用数码照相机拍摄电能计量器具铭牌资料、电能表起始读数（止码）、电能计量装置加封情况等信息存档备查	二	III	★★★
20414	计量管理	计量运行管理	未按规定进行检验工作	运行正常的，未抄录电能表终止读数（止码）及互感器变比等相关资料，或未核实是否与计费资料一致	二	III	★★★
20415				更换完毕未带电检查计量装置运行是否正常	二	III	★★★
20416				未按周期计划完成现场检验工作	二	III	★★
20417				计量装置未在规定时间进行首次现场检验（新投运或改造后的 I、II、III、IV 类）	二	III	★★

风险描述					风险评估		
问题编号	所属专业	业务环节	问题分类	问题描述	风险概率级别	风险后果级别	风险等级
20418	计量管理	计量运行管理	未按规定进行检验工作	计量装置未进行现场检验工作	二	Ⅲ	★★
20419				装出的计量装置未按制度要求进行周期检定（轮换）和抽检	二	Ⅲ	★★
20420				临时检定工作不符合规定要求	二	Ⅱ	★★
20421				未及时更换检验（周期检定）不合格的计量设备	二	Ⅲ	★★★
20422	计量管理	计量运行管理	现场管理不规范或现场信息、实体资料与系统档案不一致	现场安装的电能计量装置资产编号与营销系统用户档案不一致	二	Ⅲ	★★★
20423				现场安装的计量封印编号或计量表箱编号与营销系统用户档案不一致	一	Ⅱ	★
20424				现场计量装置表箱未粘贴用电客户信息标识	一	Ⅱ	★
20425				《电能计量装置现场校验记录》纸质单内容填写或录入系统不正确	三	Ⅱ	★★★
20426				现场用户用电地址、配变容量、计量方式与营销系统用户档案不一致	一	Ⅰ	★
20427				用电客户现场无计量装置	三	Ⅲ	★★★★★
20428				用户有装表供电，但无实体版装拆记录或营销系统无用户档案	三	Ⅳ	★★★★★

		风险描述				风险评估	
问题编号	所属专业	业务环节	问题分类	问题描述	风险概率级别	风险后果级别	风险等级
20501	计量管理	计量装置装拆管理	计量资料缺失	《计量装置装拆工作单》实体版缺失	二	Ⅱ	★★
20502				《计量装置验收工作单》实体版缺失	一	Ⅱ	★
20503				高压计量 TA/TV 检定证书缺失	一	Ⅱ	★
20504	计量管理	计量装置装拆管理	计量装置装拆实体记录不规范或与现场不符	《计量装置装拆工作单》实体版未填写计量装置资产编号或记录的计量表编号与现场不符	二	Ⅲ	★★
20505				《计量装置装拆工作单》实体版记录的计量表起、止码与现场不符（与现场照片佐证表码不相符）	三	Ⅲ	★★★★
20506				《计量装置装拆工作单》实体版记录的 TA/TV 型号、出厂编号与现场不符	一	Ⅲ	★
20507				《计量装置装拆工作单》实体版记录的 TA、TV 变比错误或计费倍率与现场不符	三	Ⅲ	★★★★
20508				《计量装置装拆工作单》实体版非关键信息填写不完整、不规范（装拆人签名等）	三	Ⅰ	★
20509				《计量装置装拆工作单》实体版记录的封印编号与现场不符	四	Ⅰ	★★
20510				《计量装置装拆工作单》实体版装拆日期、用电客户未签名确认	二	Ⅲ	★★★

问题编号	所属专业	业务环节	问题分类	问题描述	风险概率级别	风险后果级别	风险等级
				风险描述		**风险评估**	
20601	计量管理	计量装置系统录入管理	现场信息、实体资料与系统档案不一致	录入营销管理系统计量信息与《计量装置装拆工作单》实体版内容不符（如工作人员、工作日期等非关键信息）	四	I	★★
20602				录入营销管理系统计量信息与《计量装置装拆工作单》实体版内容不符（如计量装置资产编号、综合倍率、电能表起、止码、TA和TV型号、变比、编号、等级等关键信息）	二	IV	★★★★
20603				营销管理系统计量信息与现场实际设备信息不一致（如计量方式、计量资产编号、计量表码等关键信息）	二	IV	★★★★
20604				营销管理系统计量信息与现场实际设备信息不一致（如计量封印编号、不影响计费等非关键信息）	一	I	★
20605	计量管理	计量装置系统录入管理	系统流程处理不及时、不规范	《计量装置装拆工作单》或其他计量类工单未上传营销系统	一	I	★
20606				在完成安装任务后未及时将《计量装置装拆工作单》录入营销管理系统	四	III	★★★★★
20607				营销系统中，装表人员未按时将《装拆信息批量录入》或《接火送电》等环节，传递至下一环节人员，造成现场有装表用电，而没有建档抄表	三	III	★★★★★

问题编号	所属专业	业务环节	问题分类	问题描述	风险概率级别	风险后果级别	风险等级
				风险描述		风险评估	
20701	计量管理	电能计量装置故障处理管理	未及时发现、处理计量故障、差错	未及时发现计量故障、差错，造成营销差错	二	IV	★★★
20702				发现计量故障、差错后未及时处理，造成营销差错	二	V	★★★★
20703				现场处理计量故障、差错情况后，未及时在营销系统发起追（退）补电量工作流程单	二	V	★★★★
20704				营销系统未及时流转计量故障（差错）处理工作单，存在处理超时的现象	一	I	★
20705	计量管理	电能计量装置故障处理管理	计量装置故障追退补电量计算不正确，计算依据不充分，记录不完整	计量故障、差错的追（退）补电量计算依据不充足或计算依据相关资料不齐全	二	IV	★★★★
20706				处理计量故障（差错）后，未按照相关制度要求进行追补	二	V	★★★★
20707				计量故障（差错）追（退）补电量计算结果不准确	二	V	★★★★
20708				计量故障（差错）追（退）补电量工作单缺少领导审批或客户签名确认	二	III	★★★
20801	计量管理	计量自动化系统管理	计量自动化系统档案、数据维护不到位	新装用户未能及时在计量自动化系统建档或档案资料不一致	三	II	★★★
20802				计量自动化系统终端维护工作不到位	一	II	★
20803				计量自动化系统无法采集电能量数据	二	II	★
20804				异常报警处理不及时或未闭环管理	二	III	★★★

问题编号	所属专业	业务环节	问题分类	问题描述	风险概率级别	风险后果级别	风险等级
		风险描述			风险评估		
20805	计量管理	计量自动化系统管理	计量自动化系统档案、数据维护不到位	远程抄表数据核对、补抄和传递工作不及时、不到位	二	Ⅲ	★★
20901	计量管理	其他	其他	存在其他违反业务制度或相关文件的行为	四	Ⅱ	★★
21001	计量管理	问题整改及反馈	措施制定、填报不规范	未按要求制订和落实整改措施	一	Ⅴ	★★★
21002				整改（核查）填报不真实、不准确	一	Ⅳ	★★
21003	计量管理	问题整改及反馈	整改情况上报超时	未按时上报核查情况	一	Ⅱ	★
21004				未按时上报整改情况	一	Ⅱ	★
30101	抄核收	建立和维护客户抄表档案	抄表档案管理不规范或不完整	非正常建立、修改、删除客户抄表档案和电费档案	二	Ⅲ	★★★
30201				建立抄表档案时未同时编入抄表计划	一	Ⅲ	★
30202				应抄用户未编入抄表计划	一	Ⅲ	★
30203	抄核收	抄表计划与抄表区域定期轮换	抄表计划或抄表轮换不规范	同一变压器台区的计费表、考核表未安排在同一抄表例日抄表	一	Ⅲ	★
30204				抄表员未按规定周期定期轮换	二	Ⅲ	★★★
30205				未履行审批手续，擅自变更抄表例日	一	Ⅴ	★★★

续表

风险描述					风险评估		
问题编号	所属专业	业务环节	问题分类	问题描述	风险概率级别	风险后果级别	风险等级
30301				未在规定时间内完成抄表工作	一	Ⅲ	★
30302				未按规定时间完成抄表数据上、下装工作	一	Ⅱ	★
30303				表码修改没有完整记录，存在擅自修改表码	一	Ⅲ	★
30304				未及时核对未抄表用户	一	Ⅲ	★
30305				因自然灾害或客户原因无法按期抄表时，补抄未在抄表例日起一天内完成补抄工作	一	Ⅲ	★
30306	抄核收	抄表	抄表执行不规范	采用远程抄表方式的首2个抄表周期内，未按规定每期到现场核对抄表数据	一	Ⅲ	★
30307				远程抄表系统正常运行后，未按规定每3个抄表周期进行一次现场数据核对	一	Ⅲ	★
30308				出现漏抄现象	二	Ⅲ	★★★
30309				出现估抄、错抄现象	二	Ⅲ	★★★
30310				无故由他人代抄表	一	Ⅳ	★★
30311				存在计费关联的客户，所有的表计没有在同一天抄表	一	Ⅲ	★
30312				未按合同对电费风险户实行每月多次抄表	一	Ⅲ	★
30313	抄核收	抄表	未及时发现、处理抄表异常	发现用电异常情况，没有详细记录在抄表事项中（如零度、电量突变等，未向客户了解情况，并详细记录在抄表事项中）	二	Ⅲ	★★★

问题编号	所属专业	业务环节	问题分类	问题描述	风险概率级别	风险后果级别	风险等级
			风险描述			风险评估	
30314				发现计量装置运行异常,未及时启动工作单通知计量班组处理	一	Ⅲ	★
30315				发现有违约用电和窃电行为,未保护现场及当场抄录表计数据,并立即通知用检人员进行处理	二	Ⅲ	★★★
30316				发现其他异常,如有表无档、有档无表,抄表路段拆迁、改造;客户的投诉、咨询等情况,未及时启动工作单通知相关班组处理	一	Ⅲ	★
30317	抄核收	抄表	未及时发现、处理抄表异常	发现远程抄表信息异常,未在抄表例日起的一天内进行现场补抄	一	Ⅲ	★
30318				高压客户出现抄表数据为零电量的客户,未在5个工作日内进行现场核实	一	Ⅲ	★
30319				其他非居民客户连续2个抄表周期出现抄表数据为零电量的客户未按规定抽取不少于80%的样本进行现场核实,居民客户未按规定抽取不少于20%的样本进行现场核实	一	Ⅲ	★
30320				未到现场核对电量异常用户	一	Ⅲ	★★
30321	抄核收	抄表	电费、催收、停电通知执行不到位	未按规定及时将电费信息送达用户	一	Ⅲ	★
30322				超过缴费期后,未按规定及时向欠费用户派发催收通知书	一	Ⅲ	★

104

续表

风险描述					风险评估		
问题编号	所属专业	业务环节	问题分类	问题描述	风险概率级别	风险后果级别	风险等级
30323	抄核收	抄表	电费、催收、停电通知执行不到位	在实施欠费停电前，未向欠费用户发出停电通知书	一	Ⅲ	★
30324				未严格执行重大欠费或停电纠纷事件报告制度	一	Ⅳ	★★
30325	抄核收	抄表	欠费管理不规范	欠费停电未按规定程序执行	二	Ⅲ	★★★
30326				欠费停（复）电记录不完整、不准确	一	Ⅲ	★
30327				欠费复电超时	一	Ⅲ	★★
30328	抄核收	抄表	抄表档案管理不规范或不完整	新装用户编制抄表区段错误	一	Ⅲ	★
30329				缴费信用不良客户未采取风险控制措施	一	Ⅲ	★
30401	抄核收	核算	电量、电费异常核查工作不到位	未进行异常电量、电费数据核对	一	Ⅳ	★★
30402				异常电量、电费数据，未转发抄表员进行现场复核	一	Ⅳ	★★
30403				未在规定时间内完成复核	一	Ⅳ	★★
30404				未发现客户电价、附加费标准执行错误	四	Ⅳ	★★★★★
30405				客户基本电费计收错误	二	Ⅴ	★★★★
30406				客户变损计收错误	一	Ⅳ	★★
30407				客户功率因数调整电费计收错误	二	Ⅳ	★★★★
30408				应退补电量、电费未执行	一	Ⅴ	★★★

续表

风险描述					风险评估		
问题编号	所属专业	业务环节	问题分类	问题描述	风险概率级别	风险后果级别	风险等级
30409				电量、电费计收错误	二	Ⅳ	★★★★
30410				对新装增容、用电变更、电能计量装置参数变化、执行或不执行特殊电价、表计故障等，在业务流程处理完毕后的首次计费月份，未逐户进行核对	一	Ⅲ	★
30411	抄核收	核算	电量、电费异常核查工作不到位	五保户、低保户免费电量计算错误	一	Ⅲ	★
30412				电量套扣、分摊关系错误	一	Ⅲ	★
30413				计费关联信息错误未及时发起更正	一	Ⅲ	★
30414				发生新装、变更等业务的首次计费月未100%复核	一	Ⅲ	★
30415				多期零度或暂停、减容超期户未及时通知处理	一	Ⅲ	★
30501				发生结算错误	二	Ⅲ	★★★★
30502				电费收费存在截留电费（现营业厅不收取现金，建议删除）	一	Ⅴ	★★★
30503	抄核收	收费	电费计收不正确	未按要求计收违约金	一	Ⅳ	★★
30504				电费违约金计收错误	一	Ⅳ	★★
30505				因摘要不明确，导致相同金额记录勾对互换	一	Ⅲ	★
30506	抄核收	收费	发票、印章管理不规范	发票管理不当，丢失普通国税发票或增值税发票	一	Ⅲ	★

106

续表

风险描述					风险评估		
问题编号	所属专业	业务环节	问题分类	问题描述	风险概率级别	风险后果级别	风险等级
30507	抄核收	收费	发票、印章管理不规范	开具增值税发票未存档客户有效证件的复印件	一	Ⅲ	★
30508				电费发票印章和收费印章的领用、缴存、使用、移交、保管等不规范	一	Ⅲ	★
30509				电费发票的领用、缴存、使用、移交、保管等不规范	一	Ⅲ	★
30510				未及时在系统中更新发票状态	一	Ⅲ	★
30511	抄核收	收费	预付电费资金管理不规范	发现预付电费未按规定入账	一	Ⅲ	★
30512				发现预付电费未按规定实现滚动	一	Ⅲ	★
30513				更名过户或销户客户的预付电费未按规定处理	一	Ⅲ	★
30514				将预付电费转为不同客户预付费时，没有双方客户提供的电费转让证明	一	Ⅲ	★
30515	抄核收	收费	收费管理不规范	不受理电费跨区办理业务	一	Ⅰ	★
30516				当天收取电费款项未日结日清	一	Ⅳ	★★
30517				过夜存放的现金超过规定限额	一	Ⅳ	★★
30518				银行划扣或（预）购电收费未签订相关协议	一	Ⅲ	★
30519				电费代扣数据未及时发送银行	一	Ⅳ	★★

风险描述					风险评估		
问题编号	所属专业	业务环节	问题分类	问题描述	风险概率级别	风险后果级别	风险等级
30520	抄核收	收费	收费管理不规范	收取的支票未在日结后一个工作日内送财务人员进行背书，并在背书当天送交银行	一	Ⅲ	★
30521				退支票未及时在系统进行抹账处理	一	Ⅲ	★
30601	抄核收	改单、退补	改单、退补工作不符合规定	电费改单、退补、抹账计算存在错误	二	Ⅲ	★★★
30602				电费改单、退补、抹账计算依据不足或没有录入原因	一	Ⅲ	★
30603				电费改单、退补的原因与实际不符	一	Ⅲ	★
30604				电费改单、退补的文档资料存在缺失、不完整，审批流程不规范	二	Ⅲ	★★★
30605				未征询客户处理意见即对重收电费作转预收或退费处理	一	Ⅳ	★★
30606				将重收电费转为不同客户预付费时，没有双方客户提供的电费转让证明	一	Ⅳ	★★
30607				改单、退补的文档资料关键内容存在缺失	一	Ⅲ	★
30608				改单、退补的文档资料记录与系统记录不相符	一	Ⅲ	★
30609				存在以收代行为	一	Ⅳ	★★
30610				现金或支票退费未保留客户签收记录	一	Ⅳ	★★

问题编号	所属专业	业务环节	问题分类	问题描述	风险概率级别	风险后果级别	风险等级
				风险描述		风险评估	
30701	抄核收	电费坏账核销	电费坏账核销工作执行不规范	存在不符合条件的用户列入坏账核销清单	一	V	★★★
30702				对坏账核销客户未进行现场核实	一	IV	★★
30703				对坏账核销客户进行现场核实出现差错	一	III	★
30704				客户电费坏账核销审查中故意隐瞒客户实际情况的、坏账审核资料与实际情况不符的	一	IV	★★
30705				对电费坏账损失核销未按规定程序进行审批	一	III	★
30706				对坏账核销的应收款项未按规定设立账销案存备查记录	一	III	★
30707				对坏账核销的应收款项未按规定缴入供电企业收入账户	一	IV	★★
30708				对坏账核销客户的电费催收原始记录、现场核实原始记录及相关材料存档保管的文档资料不完整	一	III	★
30709	抄核收	电费坏账核销	电费坏账核销资料不完整或与系统不相符	对坏账核销客户的电费催收原始记录、现场核实原始记录及相关材料记录的关键内容不完整或不准确	一	III	★
30710				对坏账核销客户的电费催收原始记录、现场核实原始记录及相关材料存档保管的文档记录与系统记录不相符	一	III	★

风险描述					风险评估		
问题编号	所属专业	业务环节	问题分类	问题描述	风险概率级别	风险后果级别	风险等级
30801	抄核收	电费对账	未按规定开展电费对账工作	对数据差异未说明原因或未及时处理	一	Ⅲ	★
30802				对待查待退电费未说明原因	一	Ⅲ	★
30803				电费收入或营业外收入未按对应科目入账	一	Ⅲ	★
30804				未按规定及时完成对账工作	一	Ⅲ	★
30805				未形成对账记录和报表并由有关人员签字	一	Ⅲ	★
30901	抄核收	其他	其他	客户超容量用电	四	Ⅳ	★★★★★
30902				未遵守抄表、核算、收费岗位不相容原则	二	Ⅳ	★★★
30903				存在其他违反抄核收制度和相关文件的行为或隐瞒营业收费差错事件或变相处理情况	二	Ⅲ	★★★
30904				隐瞒电费差错事件或变相处理	一	Ⅴ	★★★
30905				存在其他违反抄核收管理要求行为	四	Ⅱ	★★★★
31001	抄核收	问题整改及反馈	措施制定、填报不规范	未按要求制订和落实整改措施	一	Ⅴ	★★★
31002				整改（核查）填报不真实、不准确	一	Ⅳ	★★
31003	抄核收	问题整改及反馈	整改情况上报超时	未按时上报核查情况	一	Ⅱ	★
31004				未按时上报整改情况	一	Ⅱ	★
40101	客户服务	服务环境	营业厅配套设施、人员管理不到位	营业场所设施的设置、摆放不符合标准规范	二	Ⅰ	★
40102				营业场所Ⅵ标识不符合标准，营业厅门楣、铭牌、营业时间牌等标识不齐全	一	Ⅰ	★

续表

风险描述					风险评估		
问题编号	所属专业	业务环节	问题分类	问题描述	风险概率级别	风险后果级别	风险等级
40103	客户服务	服务环境	营业厅配套设施、人员管理不到位	营业厅内各种服务设施不可用或未打开运行（如电子显示屏、排队叫号系统、客户评价系统、信息查询设备等各项服务设施）	三	II	★★★
40104				营业厅内各种服务设施未设定维护责任人（如电子显示屏、排队叫号系统、客户评价系统、信息查询设备等）	一	I	★
40105				营业厅客户休息区饮用水、饮水杯不齐全，书写区纸、笔不可用，便民箱内物品不齐全	一	I	★
40106				营业厅工作人员的着装、仪容、行为、语言未符合相关服务行为规范	一	II	★
40107	客户服务	服务环境	营业厅营业时间不符合要求	营业场所营业时间未实行无午休制度（工作日未按照周一至周五营业时间 8：30～17：30 规定执行；周末未按照周六 9：00～12：00 规定执行，部分营业厅未按照周六、周日 9：30～15：30 规定执行）	一	V	★★★
40201	客户服务	信息披露	信息公开有缺失或未及时更新	办理用电业务的程序及时限未公示或更新	一	I	★
40202				执行的电价和收费标准未公示或更新	一	I	★
40203				供电服务承诺及95598供电服务热线未公示或更新	一	II	★
40204				12398电力监管投诉举报热线未公示	一	II	★

风险描述					风险评估		
问题编号	所属专业	业务环节	问题分类	问题描述	风险概率级别	风险后果级别	风险等级
40205	客户服务	信息披露	信息公开有缺失或未及时更新	网、省、地业扩举报方式未公示或更新	一	II	★
40206				员工简介表未公示或更新	一	I	★
40207				具备资质的设计、施工、设备材料供应单位信息以及详细持证企业名单的查询方式未公示或更新	一	III	★
40208				未通过电子显示屏、触摸屏、信息查询设备等披露停电、限电和故障抢修处理等信息	一	II	★
40209				供电企业执行的供电质量标准以及供电企业电压合格率、供电可靠率情况未通过企业网站、供电营业厅公示或更新	一	I	★
40210				未摆放安全与节约用电常识、相关产品、优质服务等宣传折页	一	I	★
40211	客户服务	信息披露	信息公开不正确	信息披露不当、未履行保密审查	一	III	★
40301	客户服务	服务承诺	没有兑现服务承诺	客户在营业厅平均等候时间超过15分钟	一	III	★
40302				95598供电服务热线的20秒接通率低于90%	一	III	★
40303				95598供电服务热线没有24小时受理客户咨询查询、故障报修和投诉举报	二	V	★★★★
40401	客户服务	营业厅业务管理	业务受理不规范、不及时	业务办理没有实行免填单服务	一	I	★

问题编号	所属专业	业务环节	问题分类	问题描述	风险概率级别	风险后果级别	风险等级
		风险描述				**风险评估**	
40402	客户服务	营业厅业务管理	业务受理不规范、不及时	办理居民客户收费业务的时间每件超过5分钟、办理其他用电业务的时间每件超过20分钟	一	Ⅲ	★
40403	客户服务	营业厅业务管理	业务办理现场管理不到位	未有效管控营业厅现场，未做好营业厅应急、疏导管理	一	Ⅲ	★
40404	客户服务	营业厅业务管理	业务信息传递不及时	客户办理用电业务所提供的资料、客户受电工程及设计图纸送审、工程查验申请等，没有在当天通知相关部门（班组）交接	一	Ⅱ	★
40405				窗口人员接到审批完的供电方案、客户工程设计图纸审核意见书、供用电合同等，没有当天通知客户领取	一	Ⅱ	★
40406				通过远程渠道受理的用电业务，未与客户预约上门服务时间或未在规定时限内预约客户	一	Ⅲ	★
40407			其他渠道业务受理服务不到位	通过远程渠道受理的用电业务，因客户原因需作废预申请工作单，未在工作单说明作废原因	一	Ⅰ	★
40408	客户服务	营业厅业务管理		通过远程渠道受理的用电业务，资料传递建档超时（咨询业务须在1个工作日内答复客户；其他业务须在1个工作日内沟通联系客户，各类业务办理时限按照相关业务规定执行）	一	Ⅱ	★
40409				远程服务未实现全程上门服务（客户原因除外）	一	Ⅳ	★★

113

问题编号	所属专业	业务环节	问题分类	问题描述	风险概率级别	风险后果级别	风险等级
				风险描述		**风险评估**	
40501				营业场所未设置客户意见簿、意见箱	一	I	★
40502				客户诉求未在1个工作日内录入营销系统传递至客户服务中心	一	III	★
40503				未准确记录客户诉求信息、诉求归类错误	一	III	★
40504	客户服务	营业厅诉求管理	客户诉求处理不当	意见簿记录未按要求进行归档处理（业务部门在接到95598客户服务中心转办的工作单后，属于投诉、意见、建议、表扬的要在3个工作日内完成调查处理结果工作，举报的要在7个工作日内完成调查处理工作，并填写工作单回复95598客户服务中心）	一	II	★
40505				客户诉求的非客服处理环节出现超时	一	III	★
40506				其他客户诉求处理不规范	三	III	★★★★
40601				通话过程出现服务忌语	一	III	★
40602				因工作人员答复错误或服务态度引起客户抱怨或投诉	二	V	★★★★
40603	客户服务	95598业务受理	95598业务受理不规范	对咨询、查询的问题答复不准确	一	III	★
40604				未准确理解客户来电意图，工作单类型（业务分类）不正确	一	III	★
40605				工作单服务内容表述不清楚，或填写不正确、缺失关键项	二	II	★★

风险描述					风险评估		
问题 编号	所属 专业	业务 环节	问题 分类	问题 描述	风险 概率 级别	风险 后果 级别	风险 等级
40606	客户 服务	95598 业 务受理	95598 业务 受理不规范	座席员不受理客户用 电业务或引导客户通过 其他渠道办理	一	III	★
40607				座席员未通过客户身 份验证直接为来电人办 理相关业务	一	IV	★★
40608				客户诉求重复多次反 映且属实	三	III	★★★★
40609	客户 服务	95598 业 务受理	95598 业务 处理不及时	没有对网上营业厅、 掌上营业厅、留言等渠 道的业务实时启动工 作单	一	III	★
40610				对于上级及相关部门 转办的客户问题，客服 中心没有在当天启动工 单并传递处理	一	III	★
40611				咨询工单，自客户服 务人员受理工单到处理 人员处理完毕并反馈处 理结果超过 1 个工作日	二	II	★★
40612				意见、建议、表扬工 单，自客户服务人员受 理工单到处理人员处理 完毕并反馈处理结果超 过 5 个工作日	一	III	★
40613				对客户查询的问题无 法在线解答时，未按要 求后续处理	一	V	★★★
40614				对需要后续处理的业 务未及时按规定程序、 时限转至相关部门处理	一	IV	★★
40615				对于不能在时限内处 理的客户诉求，没有说 明整改的具体时间及 方案	二	IV	★★★★

续表

风险描述					风险评估		
问题编号	所属专业	业务环节	问题分类	问题描述	风险概率级别	风险后果级别	风险等级
40701	客户服务	回访工作	没有按规定进行客户回访	对无法在线答复的业务工单处理完结后，应回访而未进行回访	一	Ⅳ	★★
40702				未对故障报修、投诉举报、意见建议实行100%回访，或未在接收到处理结果或答复意见后1个工作日内回访	一	Ⅲ	★
40703				由于客户原因无法一次回访成功，未在不同时间再次回访	一	Ⅱ	★
40704	客户服务	回访工作	回访信息记录处理不规范	对回访中客户反映问题和意见未及时跟进处理	一	Ⅳ	★★
40705				没有记录每次回访的相关信息，内容包括回访人、回访时间、回访失败原因等	一	Ⅱ	★
40801	客户服务	故障报修处理	故障工单处理不规范	对故障情况判断错误	一	Ⅳ	★★
40802				工作单类型（业务分类）不正确	一	Ⅲ	★
40803				故障工单记录内容不准确、不完整	一	Ⅱ	★
40804				没有在挂机3分钟内，下发故障报修工单到所属区域抢修班组	二	Ⅳ	★★★★
40805	客户服务	故障报修处理	故障停电短信通知不到位	对10kV及以上线路故障停电、影响低压客户100户以上的停电以及涉及重要客户的停电事件，未按要求进行内部汇报或外部短信通知受影响客户	三	Ⅴ	★★★★★

问题编号	所属专业	业务环节	问题分类	问题描述	风险概率级别	风险后果级别	风险等级
			风险描述		风险评估		
40806	客户服务	故障报修处理	到达现场不及时或伪造到达现场时间	抢修人员没按服务承诺时间要求到达现场（城市地区供电抢修人员到达现场时间平均45分钟，农村地区90分钟，特殊边远地区2小时。城市地区抢修到达现场后恢复供电平均时间4小时，农村地区5小时）	三	V	★★★★★
40807				伪造到达现场记录及复电时间	一	V	★★★
40808	客户服务	故障报修处理	故障抢修处理不当	重要客户发生停电，需要供电局应急发电装置保障用电时，未能有效传递客户需求，造成重要客户长时间停电无法恢复	一	V	★★★
40901	客户服务	投诉举报处理	投诉举报工单填写不规范	工作单类型（业务分类）不正确	一	III	★
40902	客户服务	投诉举报处理		工作单服务内容表述不清楚，或填写不正确、缺失关键项	一	II	★
40903				从投诉受理之日起，超过5个工作日答复投诉人	四	IV	★★★★★
40904	客户服务	投诉举报处理	客户投诉举报处理不及时	从举报受理之日起，超过10个工作日答复举报人	一	IV	★★
40905				对投诉、举报事件复杂（如涉及多方主体、调查取证困难、需专业机构鉴定等）需延期办理的，没有告知投诉、举报人延期理由	一	IV	★★
40906				延长期限最长超过30个工作日	一	III	★

风险描述					风险评估		
问题编号	所属专业	业务环节	问题分类	问题描述	风险概率级别	风险后果级别	风险等级
40907	客户服务	投诉举报处理	客户投诉举报处理不当	没有按规定对重点跟踪问题启动重点跟踪诉求工单，及时传递至所属区域单位及诉求职能管理部门并跟踪处理	一	Ⅲ	★
40908				对于不能在规定时限内处理的问题，没有跟踪措施落实情况，在接到相关部门情况反馈后，没有回访客户答复实施结果	一	Ⅲ	★
40909				客户投诉、抱怨处理不当，导致客户反复投诉或投诉事件性质、影响程度升级	二	Ⅴ	★★★★
40910				在处理客户投诉过程中，玩忽职守、徇私舞弊，违反保密规定的	二	Ⅴ	★★★★
41001	客户服务	服务监控	服务监控不到位	没有常态开展对95598外派工单、营业厅服务、急修服务、业扩关键环节、分局电费抄核收完成情况等业务的监控	一	Ⅱ	★
41002				没有对座席员业务受理和服务质量开展工单质检工作	一	Ⅲ	★
41003				质检记录不完整	一	Ⅰ	★
41004	客户服务	服务监控	没有按计划开展服务监控和上报分析报告	没有在每月5日制定、发布质检分析报告	一	Ⅱ	★
41005				没有常态开展对95598外派工单、营业厅服务、急修服务、业扩关键环节、分局电费抄核收完成情况等业务的监控	一	Ⅲ	★

续表

	风险描述				风险评估		
问题编号	所属专业	业务环节	问题分类	问题描述	风险概率级别	风险后果级别	风险等级
41006	客户服务	服务监控	没有按计划开展服务监控和上报分析报告	未定期对95598外派工单、营业厅服务、急修服务、业扩关键环节、分局电费抄核收完成情况等业务的监控情况进行分析上报	一	Ⅲ	★
41007				未按规定制订质检工作计划	一	Ⅲ	★
41101	客户服务	知识库管理	没有及时更新知识库	没有不定期收集日常工作中具有代表性及指导、启发、帮助作用的知识点，并及时申请加入知识库	一	Ⅰ	★
41201	客户服务	主动服务	没有推送供电服务信息或推送信息有误	没有通过短信、网络等实施主动服务，协助做好欠费、错峰限电等信息发布工作	一	Ⅴ	★★★
41202				欠费、错峰限电等信息发送错误	一	Ⅴ	★★★
41301	客户服务	便民服务	未提供便民服务或服务记录不到位	没有定期组织便民服务活动	一	Ⅰ	★
41302				便民服务活动记录不完整，未拍照存档	一	Ⅰ	★
41303				未为重要客户（含VIP客户）、老人、残疾人等特殊人群提供优先服务	一	Ⅱ	★
41304				未为确有需要的伤残、孤寡老人提供上门服务	一	Ⅱ	★
41305				未实行领导接待日制度	一	Ⅱ	★
41306				对领导接待日接待情况未记录，或未对问题及时跟进处理	一	Ⅱ	★

问题编号	所属专业	业务环节	问题分类	问题描述	风险概率级别	风险后果级别	风险等级
			风险描述			风险评估	
41401	客户服务	大客户服务	大客户档案管理不到位	未建立大客户服务管理档案	一	II	★
41402				未对大客户服务管理档案定期更新	一	II	★
41403	客户服务	大客户服务	没有召开客户座谈会并做好记录	没有定期召开客户座谈会，每年走访大客户少于10户	一	II	★
41404				客户座谈会、客户走访记录填写不完整	一	I	★
41405	客户服务	大客户服务	未配置客户经理并开展上门服务	未对重要客户、重点关注客户、一般大客户配置客户经理	一	III	★
41406	客户服务	大客户服务		未对重要客户、大客户业扩业务提供上门服务	一	III	★
41501				未按要求开展客户需求收集工作	一	II	★
41502	客户服务	客户关系管理	客户关系维护工作管理不到位	未定期分析上报客户需求信息	一	II	★
41503				未配合开展服务宣传、客户联络、个性化服务等活动	一	II	★
41504				未按要求建立服务宣传等相关活动档案	一	II	★
41601				没有建立电力供应事件、客户服务事件的专项应急管理组织机构	一	IV	★★
41602	客户服务	应急管理	应急机构管理不到位	没有每年更新电力供应事件、客户服务事件的应急工作负责人、联系人名单、联系电话、传真电话	一	IV	★★

问题编号	所属专业	业务环节	问题分类	问题描述	风险概率级别	风险后果级别	风险等级
			风险描述			风险评估	
41603	客户服务	应急管理	应急预案编制、应急响应不符合要求	突发事件应急响应值班方式没有按要求实施	一	Ⅳ	★★
41604				电力供应、客户服务应急响应Ⅰ、Ⅱ、Ⅲ、Ⅳ分类不正确	一	Ⅴ	★★★
41605				没有按照《广东电网公司应急管理规定》要求，制定相应的应急预案，应急预案内容不完整	一	Ⅳ	★★
41606				在应急处理中未采取有效措施导致影响持续扩大	一	Ⅴ	★★★
41607	客户服务	应急管理	应急演练开展不规范	没有每年至少一次与重要客户联合开展反事故措施演练	一	Ⅳ	★★
41608				没有每年开展一次客户服务事件、电力供应事件应急演练	一	Ⅳ	★★
41609				应急演练分析和总结不完整	一	Ⅳ	★★
41701	客户服务	其他	其他问题	其他违反客户服务要求问题	一	Ⅱ	★
41801	客户服务	问题整改及反馈	措施制定、填报不规范	未按要求制订和落实整改措施	一	Ⅴ	★★★
41802				整改（核查）填报不真实、不准确	一	Ⅳ	★★
41803	客户服务	问题整改及反馈	整改情况上报超时	未按时上报核查情况	一	Ⅱ	★
41804				未按时上报整改情况	一	Ⅱ	★
50101	用电检查业务	用电检查资格	用电检查资格管理不规范	用电检查人员未取得相应等级用电检查资格	二	Ⅲ	★★★
50102				用电检查人员资格未在系统录入和及时更新	二	Ⅰ	★

续表

问题编号	所属专业	业务环节	问题分类	问题描述	风险概率级别	风险后果级别	风险等级
				风险描述		风险评估	
50201	用电检查业务	日常检查计划	日常检查计划执行不规范	未按计划开展客户用电安全检查	三	Ⅲ	★★★
50202				未按规定制订年度、月度用电检查计划	二	Ⅲ	★★★
50203			日常检查计划资料不规范	计划（方案）不符合实际检查要求	一	Ⅲ	★
50204				计划制订未按规定要求逐级审批	一	Ⅲ	★
50301	用电检查业务	专项检查计划	专项检查计划管理不规范	未经上级管理部门统一组织或批准下达的工作任务进行	一	Ⅲ	★
50302				未根据保供电、季节性、经营性等检查任务以及客户用电异常情况制订用电检查计划	二	Ⅲ	★★★
50303				检查计划、方案不符合实际检查要求	一	Ⅱ	★
50401	用电检查业务	现场检查及资料归档	现场检查不规范	检查记录、表单填写不规范	四	Ⅱ	★★★
50402				现场检查少于二人执行	三	Ⅱ	★★★
50403				检查项目缺漏或检查不到位	二	Ⅱ	★★
50404				发现问题未派发整改通知单	二	Ⅱ	★★
50405				涉及合同、计量、计费变更等问题未通知相关业务部门处理	二	Ⅲ	★★★
50406				存在严重安全隐患的未向客户发出《用户安全隐患整改通知书》	三	Ⅱ	★★★
50407				未对每月无功补偿不达标的客户下发通知	二	Ⅱ	★★
50408				未向客户下发《专变用户低压欠压脱扣处置措施告知书》	二	Ⅱ	★★

续表

风险描述					风险评估		
问题编号	所属专业	业务环节	问题分类	问题描述	风险概率级别	风险后果级别	风险等级
50409	用电检查业务	现场检查及资料归档	现场检查资料归档不完整	用电检查资料缺失	三	Ⅱ	★★
50410				营销系统录入信息与检查工作单不一致	三	Ⅱ	★★★
50411				未建立和及时更新客户相关电气设备、自备电源、进网电工信息台账	二	Ⅰ	★
50412				配备自备应急发电机的客户未签订《用户自备（应急）电源安全使用协议》	二	Ⅲ	★★★
50413				对已做预防性试验客户未建立信息台账	二	Ⅰ	★
50414				缺少《专变用户低压欠压脱扣处置措施确认表》	二	Ⅱ	★★
50501	用电检查业务	问题整改及反馈	问题整改复查不规范、不及时	未及时跟踪和复查整改情况	二	Ⅱ	★★
50502				未按时上报核查、整改情况	二	Ⅱ	★★
50503				对拒不整改的客户，未上报政府主管部门备案	二	Ⅱ	★★
50504				对未装设防倒供电装置的客户没有督促其整改	一	Ⅲ	★
50505				未协助客户查找无功补偿不达标的原因及督促客户进行整改	二	Ⅳ	★★★★
50506			问题整改资料不规范	未按要求制定和落实整改措施	二	Ⅱ	★★
50507				整改（核查）填报不真实、不准确	二	Ⅲ	★★★

问题编号	所属专业	业务环节	问题分类	问题描述	风险概率级别	风险后果级别	风险等级
				风险描述		风险评估	
50601	用电检查业务	用户电气事故（事件）	用户电气事故（事件）查处不规范	未对用户电气安全事故进行查处	二	IV	★★★★
50602				事故（事件）调查、分析不准确	二	III	★★★
50603				未按规定及时上报事故（事件）信息和调查报告	二	III	★★★
50604				未进行取证工作，取证材料不完整、不充分	二	III	★★★
50605			用户电气事故（事件）资料管理不规范	资料归档不完整、不规范，未将事故情况录入营销系统	二	III	★★★
50606				用户电气事故调查分析报告未提出防范措施或整改要求	二	III	★★★
50607				调查材料无客户签字确认	二	III	★★★
50608			用户电气事故（事件）整改不规范	未通知客户或设备管理部门进行整改工作	二	III	★★★
50609				未对整改情况进行跟踪检查	二	III	★★★
50610				未对相关事故（事件）责任人进行处理	二	III	★★★
50611				未按规定办理索赔或赔偿工作	二	IV	★★★★
50701	用电检查业务	重要客户管理	重要客户检查不规范	未按规定周期开展检查工作或检查工作不到位	二	IV	★★★★
50702				未按规定开展用电安全风险评估	二	IV	★★★★
50703				未发出《用电检查隐患整改通知书》	二	IV	★★★★
50704				未及时跟踪和复查整改情况	二	IV	★★★★

续表

风险描述					风险评估		
问题编号	所属专业	业务环节	问题分类	问题描述	风险概率级别	风险后果级别	风险等级
50705	用电检查业务	重要客户管理	重要客户资料管理不完整	未建立重要客户清单或未报相关政府主管部门审定备案	一	IV	★★
50706				重要客户等级分类不正确	一	IV	★★
50707				未建立重要用户一户一册档案管理	一	IV	★★
50708				未对重要客户"一户一册"档案及时进行动态维护或档案数据信息完整率未达95%	二	III	★★★
50709				重要客户"应急包"信息未在营销系统实时维护,"应急包"、电力保障手册信息与现场不一致	一	III	★
50710				基础资料不完整、不规范	二	III	★★★
50711			重要客户资料未在管理系统形成记录	重要客户的例行检查、专项检查结果未及时在管理系统中形成记录	二	III	★★★
50712				重要客户的停、复电信息未及时在管理系统中形成记录	二	III	★★★
50713				重要客户事故处理结束后,未及时在管理系统中录入事故处理相关信息	二	III	★★★
50714			重要客户安全措施不符合要求	一、二级重要客户供电电源配置不符合要求	二	V	★★★★
50715				重要客户自备应急电源配置或使用情况不符合要求	三	V	★★★★★
50716				重要客户不具备公共应急电源的接入条件	二	V	★★★★★

问题编号	风险描述				风险评估		
	所属专业	业务环节	问题分类	问题描述	风险概率级别	风险后果级别	风险等级
50717	用电检查业务	重要客户管理	重要客户安全措施不符合要求	未备有非电性质的保安措施（例如制定保护安全的应急预案，配置保护安全的物资设备，避免和降低人身、设备危害以及停电损失）	二	IV	★★★★
50718				重要客户运维人员配置不符合要求	二	IV	★★★★
50719			重要客户管理不规范	发现重要客户存在重大用电安全隐患或者对用电安全隐患不及时进行整改的，未报告地方政府有关部门并存档	二	V	★★★★★
50720				停电安排未按规定提前通知客户	二	IV	★★★★
50721				运行方式调整影响重要客户供电可靠性时，未按规定做好风险分析和预控措施	二	IV	★★★★
50722				未督促指导重要客户制定保供电应急预案	二	III	★★★
50723				未组织重要客户开展应急演练，特级、一级重要客户每年一次，二级重要客户为每两年一次	二	III	★★★
50724				未对重要客户停电情况定期开展统计分析	二	III	★★★
50801	用电检查业务	窃电、违约用电查处	窃电、违约用电查处、处理不规范	用电检查不到位，未发现违约用电行为	二	IV	★★★★
50802				用电检查不到位，未发现窃电行为	二	IV	★★★★
50803				包庇窃电、违约用电行为	二	V	★★★★

问题编号	所属专业	业务环节	问题分类	问题描述	风险概率级别	风险后果级别	风险等级
			风险描述			风险评估	
50804	用电检查业务	窃电、违约用电查处	窃电、违约用电查处、处理不规范	窃电、违约用电查处流程未按规范查处	二	IV	★★★★
50805				审批流程不规范	二	III	★★★
50806				现场未对窃电用户进行停电	二	V	★★★★
50807				用户未交齐本金、违约使用电费违规恢复供电	三	V	★★★★★
50808				未正确追补电费、违约使用电费	三	V	★★★★★
50809				未按规定在营销系统走窃电、违约用电流程	三	V	★★★★★
50810			窃电、违约用电资料不规范	现场取证材料不完整、不规范	二	IV	★★★★
50811				检查记录、通知书填写错误或不完整	二	II	★★
50812				停电信息未录入营销系统	二	III	★★★
50813				窃电客户信誉度未降为C级	二	II	★★
50901	用电检查业务	居民家电损坏调查	居民家电损坏调查不规范	现场未按规定采取记录、拍照和摄像等手段进行取证登记	一	I	★
50902				现场取证不完整（受损家电登记信息不完整）	一	II	★
50903				居民家电损坏调查未查事故原因	二	III	★★★
50904				居民家电损坏调查未明确责任归属	一	II	★
50905				接到居民家电损坏报告未在24小时内赴现场调查	一	II	★

问题编号	所属专业	业务环节	问题分类	问题描述	风险概率级别	风险后果级别	风险等级
			风险描述			风险评估	
50906	用电检查业务	居民家电损坏调查	居民家电损坏调查不规范	居民家电损坏的现场调查超时限	一	II	★
50907				超过7日期限的，供电企业仍受理其提出索赔要求	二	III	★★★
50908				损坏的家用电器未按规定进行赔偿（依据《居民用户家用电器损坏处理办法》中有关电器的平均使用年限）	二	III	★★★
50909			居民家电损坏调查资料不完整	未填写《居民用户家用电器损坏登记表》或填写不完整	一	I	★
50910				未填写《居民用户家用电器损坏理赔表》或填写不完整	一	I	★
50911				居民家用电器损坏及赔偿处理完毕后未及时在系统录入，录入系统信息不完整、不准确	一	I	★
51001	用电检查业务	其他	存在其他违反制度和文件的行为	存在其他违反用电检查相关管理制度和文件的行为	二	II	★★
51101	用电检查业务	问题整改及反馈	措施制定、填报不规范	未按要求制订和落实整改措施	一	V	★★★
51102				整改（核查）填报不真实、不准确	一	IV	★★
51103	用电检查业务	问题整改及反馈	整改情况上报超时	未按时上报核查情况	一	II	★
51104				未按时上报整改情况	一	II	★
60101	线损管理	管理措施	未落实线损管理基础工作	未开展本单位线损理论计算	一	II	★
60102				未设专职线损管理人员	一	I	★

续表

风险描述					风险评估		
问题编号	所属专业	业务环节	问题分类	问题描述	风险概率级别	风险后果级别	风险等级
60103	线损管理	管理措施	未落实线损管理基础工作	未开展针对线损的电费"抄核收"和电能计量管理工作	三	Ⅲ	★★★
60104				未推进降损改造项目的具体实施	一	Ⅱ	★
60105	线损管理	管理措施	各相关班组常态联动环节问题	未开展针对线损的用电检查、营业稽查	一	Ⅱ	★
60106	线损管理	管理措施	变户关系管理不到位	未明确"站—线—变—户"关系的更新维护职责和要求	三	Ⅱ	★★★
60107	线损管理	管理措施	用户电力设备影响	未监督和做好用户无功电力管理	一	Ⅰ	★
60108	线损管理	管理措施	档案数据问题	未能对配网生产与营销基础数据档案的动态维护	三	Ⅱ	★★★
60109	线损管理	管理措施	线损分析机制不完善	未按线路和台区将本单位线损率指标及各种小指标逐层分解下达	三	Ⅱ	★★★
60110	线损管理	管理措施	线损管理考核制度不完善	线损指标未明确考核到人	五	Ⅰ	★★★
60111				未制定本单位线损异常处理制度	三	Ⅲ	★★★★
60112				重大异常事件未及时上级主管部门	三	Ⅳ	★★★★★
60113				未制定适合本单位的线损"四分"管理及考核制度,或已制定但未执行	四	Ⅲ	★★★★★
60114	线损管理	管理措施	运行降损工作不到位	未将经过异常分析和处理后线损率仍超标的线路和台区,提交技术改造部门进行改造	一	Ⅱ	★

问题编号	所属专业	业务环节	问题分类	问题描述	风险概率级别	风险后果级别	风险等级
				风险描述		风险评估	
60115	线损管理	管理措施	运行降损工作不到位	未改善本单位电网结构，以降低线损	一	I	★
60116				未优化本单位的运行方式，以降低线损	一	I	★
60117				未开展变压器和配电线路功率因数合格率统计分析，充分利用无功补偿容量，提高受电端功率因数	四	I	★★
60118	线损管理	管理措施	抄核收管理不到位	未编排适合本单位的线损四分抄表安排	一	II	★
60119				未定期编制线损四分统计报表并及时上报	一	II	★
60120				未完成本单位线损指标完成情况的统计、分析和上报工作	一	II	★
60121	线损管理	管理措施	计量装置准确性	未装设线损四分计量点	一	II	★
60201	线损管理	异常分析	抄核收管理不到位	因抄表数据错误，导致线损异常	三	III	★★★
60202				因抄表时间变动，导致线损异常	一	II	★
60203				因电量退补，导致线损异常	一	II	★
60204				因高供低计用户未计收变损，导致线损异常	三	III	★★★
60205	线损管理	异常分析	用户窃电、违约用电行为	因窃电，导致线损异常	三	III	★★★
60206				因违约用电（超容量用电时变损增大），导致线损异常	三	III	★★★

续表

风险描述					风险评估		
问题编号	所属专业	业务环节	问题分类	问题描述	风险概率级别	风险后果级别	风险等级
60207	线损管理	异常分析	计量装置准确性	因计量装置故障，导致线损异常	五	Ⅲ	★★★★
60208				因客户计量表计残旧，导致线损异常	一	Ⅲ	★★
60209				因计量终端数据采集数据问题，导致线损异常（终端在线，抄不到数据或抄回的数据有问题）	一	Ⅱ	★
60210				因用户电流互感器饱和，导致线损异常	一	Ⅰ	★
60211				因供售端计量精度误差，导致线损异常	三	Ⅱ	★★★
60212	线损管理	异常分析	档案数据问题	因数据采集错误，导致线损异常	五	Ⅱ	★★★
60213				因档案与现场不符，导致线损异常	五	Ⅱ	★★★
60214				因计量档案错误，导致线损异常	五	Ⅱ	★★★
60215				因计量点信息错误，导致线损异常（计量自动化系统档案资料，把计费分表纳入计费点）	三	Ⅱ	★★★
60216				信息系统故障	一	Ⅱ	★
60217	线损管理	异常分析	其他	其他原因	三	Ⅰ	★
60218	线损管理	异常分析	其他	因终端通信问题（离线），导致线损异常	三	Ⅱ	★★
60219	线损管理	异常分析	变户关系管理不到位	因线变、变户对应关系错误，导致线损异常	五	Ⅱ	★★★
60220				因未更新负荷割接资料，导致线损异常	五	Ⅱ	★★
60221				因环网转供电，导致线损异常	五	Ⅱ	★★

风险描述					风险评估		
问题编号	所属专业	业务环节	问题分类	问题描述	风险概率级别	风险后果级别	风险等级
60222	线损管理	异常分析	供电质量问题	因供电半径过长或线径小，导致线损异常	四	I	★★
60223				因三相负荷不平衡，导致线损异常	一	I	★
60224				因公变变损大，导致线损异常	一	I	★
60225	线损管理	异常分析	用户电力设备影响	因谐波用户干扰，导致线损异常	一	I	★
60226				因无功补偿不足，导致线损异常	一	I	★
60227				因负荷率低设备损耗占比大，导致线损异常	五	I	★★★
60301	线损管理	异常处理	线损分析机制不完善	原因判断错误	一	II	★
60302				处理措施不当	一	IV	★★
60303				没有闭环跟踪	三	III	★★★★
60304	线损管理	异常处理	线损管理考核制度不完善	分线分台区管理工作不到位，导致线损异常率超过30%，且线损异常事件处理未按闭环管理原则进行	三	III	★★★
60305				线损异常处理完成率低于80%（以营销系统记录为依据），以致用户计量、收费、违约、窃电等问题该发现而未发现，该处理而未处理的	三	V	★★★★★
60306				连续出现超过三个月的线损率偏大、损失电量较高异常事件，责任部门和人员未发现、未上报、未调查处理，经查证属实的	三	IV	★★★★
60307				线损异常事件缺乏有效监测方法和查处手段，不能正确筛选线损异常用户进行闭环处理，导致线损指标真实性缺乏保障，掩盖线损异常情况，从而造成差错电量的	三	V	★★★★★

续表

风险描述					风险评估		
问题编号	所属专业	业务环节	问题分类	问题描述	风险概率级别	风险后果级别	风险等级
60401	线损管理	其他	线损管理考核制度不完善	存在其他违反线损管理要求行为	一	Ⅱ	★
60501	线损管理	问题整改及反馈	线损管理考核制度不完善	未按要求制定和落实整改措施	一	Ⅱ	★
60502				未按时上报核查情况	一	Ⅱ	★
60503				未按时上报整改情况	一	Ⅱ	★
60504				整改（核查）填报不真实、不准确	一	Ⅲ	★
70101	停电管理	有序用电管理	有序用电方案资料、流程不规范	有序用电方案未按照要求制定（包括有保有限原则、逐级细化原则、优先原则）	二	Ⅱ	★★
70102				有序用电方案未经政府及职能部门审批	一	Ⅲ	★★
70103				未建立有序用电客户台账	二	Ⅱ	★★
70104				未动态更新客户台账	二	Ⅱ	★★
70105	停电管理	有序用电管理	有序用电通知不符合要求	未按要求对错峰用电客户至少提前一天通知	二	Ⅳ	★★★★
70106				没有对错峰客户100%提前通知	二	Ⅳ	★★★★
70107				对错峰客户的通知内容错误	二	Ⅳ	★★★★
70108				错峰通知工作不到位，引起客户抱怨	二	Ⅳ	★★★★
70109	停电管理	有序用电管理	有序用电执行不规范	有序用电监控不到位	一	Ⅲ	★
70110				限电影响居民、民生及重要客户用电	一	Ⅴ	★★★

风险描述					风险评估		
问题编号	所属专业	业务环节	问题分类	问题描述	风险概率级别	风险后果级别	风险等级
70201	停电管理	预安排停电管理	预安排停电执行不规范	设备停电申请部门或单位在停电申请前未进行"先算后停",未能分析对客户的影响,在停电协调会前提交客户服务中心或县(区)供电局营业部	二	Ⅲ	★★★
70202				预安排的停电时间超过时限要求(每次停电时间安排原则上城镇客户不超过8小时,其他客户不超过14小时)	二	Ⅳ	★★★★
70203				同一客户每年预安排停电次数超过2次	四	Ⅲ	★★★★★
70204				同一客户每年预安排总停电时间超过24小时	四	Ⅲ	★★★★★
70205				当预安排停电时间发生变更时,没有及时向电力调度控制中心申请	三	Ⅱ	★★★
70206				每月预安排停电的变更次数超过2次	二	Ⅲ	★★★
70207				对于超过停电计划复电时间的施工工程,没有及时将施工情况和预计复电时间及时通知电力调度控制中心、客服中心及受影响客户	三	Ⅲ	★★★★
70301	停电管理	故障停电管理	故障停电执行不规范	抢修人员到达现场超过时限要求(自接到报修之时起城镇范围不超过45分钟、农村范围不超过90分钟,偏远地区不超过120分钟)	三	Ⅲ	★★★★

续表

	风险描述				风险评估		
问题编号	所属专业	业务环节	问题分类	问题描述	风险概率级别	风险后果级别	风险等级
70302	停电管理	故障停电管理	故障停电执行不规范	故障抢修恢复供电超过时限要求（自抢修人员到达现场，城市地区平均4小时，农村地区平均5小时）	二	Ⅲ	★★★
70303				配网急修物资配送不能及时到位，城市（市区）2小时以内，农村（郊区）4小时以内，偏远山区6小时以内	二	Ⅲ	★★★
70304				超时的故障停电未能采取发电车、临时转电等措施保证居民和重要客户的用电	二	Ⅴ	★★★★
70401	停电管理	违约用电停电处理	违约用电执行不规范	违约用电未履行停电审批程序，未向客服中心报备停电信息	二	Ⅲ	★★★
70402				逾期未交电费等违反法律法规的情况，未提前24小时通知客户	二	Ⅲ	★★★
70403				欠费停电的客户缴清电费后，未当日复电	三	Ⅲ	★★★★
70404	停电管理	违约用电停电处理	违约用电资料不规范、不完整	停电准备资料不符合要求	一	Ⅲ	★
70405				欠费停、复电程序不规范，记录不完整、准确	二	Ⅲ	★★★
70501	停电管理	停电通知	停电通知不规范、不完整	计划停电没有提前7天通知到重要客户、大客户、专变客户和大型居民住宅区，未通知或通知错误	二	Ⅳ	★★★★

	风险描述				风险评估		
问题编号	所属专业	业务环节	问题分类	问题描述	风险概率级别	风险后果级别	风险等级
70502	停电管理	停电通知	停电通知不规范、不完整	临时停电没有提前24小时通知到重要客户、大客户、专变客户和大型居民住宅区，未通知或通知错误	二	Ⅳ	★★★★
70503				其他停电，没有在停电3～7天内，将停电通知书送达客户，对重要客户的停电，没有将停电通知书报送同级电力管理部门	二	Ⅳ	★★★★
70504				在实施欠费停电前，未向欠费用户发出《欠费用户停止供电执行通知书》	二	Ⅲ	★★★
70505				其他停电，没有在停电前30分钟，将停电时间再次通知客户	一	Ⅲ	★★
70506				停电通知原始记录保存不完整、不规范	二	Ⅱ	★★
70507				当停电计划发生变更，或者不能按照原定计划停送电时，停电审批单位没有及时将相关信息传递至停电通知单位或停电通知单位没有在最短的时间内通知受影响的客户	二	Ⅳ	★★★★
70508				书面要求协助执行的文件不符合要求，仍实施了协助停电行为	一	Ⅲ	★
70509				对停电计划变更、实际执行等信息，客户服务中心或供电分局未及时通知涉及的重要客户、大客户、重点关注客户	二	Ⅳ	★★★★

续表

问题编号	所属专业	业务环节	问题分类	问题描述	风险概率级别	风险后果级别	风险等级
				风险描述		风险评估	
70510	停电管理	停电通知	停电通知不规范、不完整	对故障停电供电分局未按"两个5分钟"要求将停电信息传递至客服中心，导致客服中心错发、漏发、未发停电通知	三	Ⅲ	★★★★
70601	停电管理	节能服务	节能工作未按要求开展	未按要求完成客户节能相关工作	一	Ⅲ	★
70701	停电管理	停复电资料管理	停电信息不规范、不完整	停电资料填写不规范、不完整	一	Ⅰ	★
70702				复电资料填写不规范、不完整	一	Ⅰ	★
70801				停送电记录内容不规范、不完整	一	Ⅲ	★
70802				停复电原始资料保存不当，缺失	一	Ⅳ	★★
70803				停电设备、停电性质、停电起止时间不准确	一	Ⅲ	★
70804				停电事件、停电时间记录、统计不完整、不准确	一	Ⅲ	★
70805				停电事件分类错误	一	Ⅲ	★
70806				客户停电管理分析报表不齐全	一	Ⅲ	★
70901	停电管理	其他	其他	存在其他违反停电管理要求行为		Ⅱ	★
71001	停电管理	问题整改及反馈	措施制定、填报不规范	未按要求制定和落实整改措施	一	Ⅴ	★★★
71002	停电管理			整改（核查）填报不真实、不准确	一	Ⅳ	★★
71003	停电管理	问题整改及反馈	整改情况上报超时	未按时上报核查情况	一	Ⅱ	★
71004				未按时上报整改情况	一	Ⅱ	★

137

风险描述					风险评估		
问题编号	所属专业	业务环节	问题分类	问题描述	风险概率级别	风险后果级别	风险等级
80101	项目管理	立项管理	立项流程要求执行不规范	营销技改项目、计量材料购置项目及营销修理项目未开展可行性研究	一	Ⅲ	★
80102				营销费用性项目未编写申请书	一	Ⅲ	★
80103				营销技改项目或营销费用性项目的主要内容不符合要求	一	Ⅲ	★
80104				存在先设计后立项或先实施后立项	一	Ⅴ	★★★
80105	项目管理	立项管理	立项过程时限超期	营销技改项目存在跨年度安排且时长超过两年	一	Ⅲ	★
80106				营销费用性项目跨年度安排	一	Ⅲ	★
80201	项目管理	前期管理	前期管理流程执行不规范	未按照规定编制、审定本单位营销项目规划库，或项目规划库未报省公司市场营销部汇总	一	Ⅲ	★
80202				未按规定开展项目可研分析或填写项目申请	一	Ⅲ	★
80203				进入项目储备库的营销项目材料不完整	一	Ⅲ	★
80301	项目管理	计划管理	项目计划管理流程执行不规范	营销项目在执行过程中实施内容发生较大变化，需要进行调整时，未按要求提交申请	一	Ⅲ	★
80401	项目管理	实施管理	合同执行不规范	存在先实施后签合同	一	Ⅴ	★★★
80402				项目建设单位未采用规范的合同范本	一	Ⅳ	★★
80403				签订的项目建设合同内容有缺漏或不符合相关办法要求	一	Ⅳ	★★

续表

风险描述					风险评估		
问题编号	所属专业	业务环节	问题分类	问题描述	风险概率级别	风险后果级别	风险等级
80404	项目管理	实施管理	项目实施不规范	因施工方面的原因，进行施工方案修改、材料代用等变更，未事先征得项目建设单位和监理单位的认可，或未提出设计变更申请	一	IV	★★
80405				设计单位自身对施工图进行的修改、补充的变更，未出具《设计变更通知单》，或未报项目建设单位和监理单位	一	IV	★★
80406				项目动工前，实施部门未和监理单位、施工承包商做好安全技术交底，或未填写《外委工程项目安全技术交底单》	一	III	★
80407				存在将主体工程违规分包的情况	一	V	★★★
80408				工程设计与施工单位为同一单位	一	V	★★★
80409				项目实施部门未能根据合同约定和项目进度，按照资金管理有关办法支付项目资金	一	IV	★★
80410	项目管理	实施管理	项目实施资料不齐整、不规范	存在分包工程时，施工承包商未报审《分包单位资质报审表》	一	III	★
80411				工程开工前，施工单位未填写《项目开工报告》	一	III	★
80412				未按月上报营销项目实施进度报表	一	II	★

问题编号	风险描述				风险评估		
	所属专业	业务环节	问题分类	问题描述	风险概率级别	风险后果级别	风险等级
80501	项目管理	验收管理	验收执行不规范或资料不齐备	营销技改的工程项目未进行竣工验收或资料不齐备	一	IV	★★
80502				营销修理项目未进行竣工验收或资料不齐备	一	IV	★★
80503				计量材料购置未进行到货验收或资料不齐备	一	IV	★★
80504				工程竣工验收合格后，未能及时将项目结余物资按规定办理退库和项目结算工作	一	III	★
80505	项目管理	验收管理	项目未完工提前进行验收	工程未实际完工或未通过竣工验收的情况下申报投产并转增固定资产	一	V	★★★
80601	项目管理	结算管理	结算材料不规范	施工承包商未按规定编制施工结算书，或施工结算书中未包含物资安装、拆除数量等内容	一	IV	★★
80602	项目管理	结算管理	结算结果有误	施工费用未按照造价单位的结算审核结果进行支付或结算审核有误	一	IV	★★
80603	项目管理	结算管理	未通过验收提前结算	工程未实际完工或未通过竣工验收的情况下办理了工程结算	一	V	★★★
80701	项目管理	其他	其他	存在其他违反项目管理要求行为	一	II	★
80801	项目管理	问题整改及反馈	措施制定、填报不规范	未按要求制订和落实整改措施	一	V	★★★
80802				整改（核查）填报不真实、不准确	一	IV	★★
80803	项目管理	问题整改及反馈	整改情况上报超时	未按时上报核查情况	一	II	★
80804	项目管理			未按时上报整改情况	一	II	★